KURT TEPPERWEIN

Mensch sorge dich nicht

Warum auch in der Krise alles seine Ordnung hat

Brandheiße Infos finden Sie regelmäßig auf:
www.facebook.com/AMRAVerlag

Besuchen Sie uns im Internet:
www.AmraVerlag.de

Eine Originalausgabe im AMRA Verlag
Auf der Reitbahn 8, D-63452 Hanau
Telefon: + 49 (0) 61 81 – 18 93 92
Kontakt: Info@AmraVerlag.de

Herausgeber & Lektor	Michael Nagula
Einbandgestaltung	FranklDesign
Layout & Satz	Birgit Letsch
Druck	Finidr, s.r.o.

ISBN Printausgabe 978-3-95447-236-9
ISBN eBook 978-3-95447-237-6

»Krisen beruhen auf dem subjektiven
Erleben eines Individuums.
Wenn wir davon ausgehen,
dass Individualität in aller Konsequenz
der Illusion von Getrenntsein entspringt,
so wird uns deutlich, dass jede Krise
Ausdruck eines illusionären Erlebens
sein muss.«

INHALT

VORWORT

*Bisweilen verwandeln Krisen Glauben in Wissen
und Wissen in Glauben.*

Hanspeter Rings

**Warum es Krisen nicht wirklich gibt, kann man im
Grunde genommen ganz kurz und knapp beantworten:
Krisen beruhen auf dem subjektiven Erleben eines
Individuums. Wenn wir davon ausgehen, dass Indivi-
dualität in aller Konsequenz der Illusion von Getrennt-
sein entspringt, so wird deutlich, dass jede Krise nur
Ausdruck eines illusionären Erlebens sein kann.**

Diese Einsicht beruht auf einer tieferen Sicht, die mit
den Augen nicht vollzogen werden kann. Es ist die
Sicht des Geistes, und Geist jenseits der Materie ist
nun einmal unfassbar.

Als Menschen mit einer Erfahrungswelt innerhalb von
Zeit und Raum erleben wir Krisen. Das ist nur deshalb
möglich, weil wir über Sinne verfügen, die uns das Erle-

ben von Krisen und Wundern, Hochs und Tiefs ermöglichen. Die Empfindung bleibt jedoch immer individuell. Sie sehen es an folgendem Beispiel: Wenn Ihr Haus brennt, heißt das noch lange nicht, dass sich ein anderer nicht darüber freuen kann. Ich wünsche Ihnen, dass es nicht so ist, aber nichts ist unmöglich. Was dem einen Freude bereitet, kann durchaus des anderen Leid bedeuten. So ist es immer die persönliche Betrachtungsweise, die darüber entscheidet, was wir für gut oder für schlecht befinden. Vielmehr noch: Sie entscheidet darüber, dass das, was wir als Welt bezeichnen, »unser« Leben ist.

Diese Sicht wird von Vergangenheit, Gewohnheiten, Vorstellungen, Interpretationen und Meinungen geprägt, die bei jedem Menschen anders sind. Deshalb wird es niemals zwei gleiche Sichtweisen geben, auch wenn Meinungen sich gleichen.

So individuell das Aussehen der Menschen ist, so ist es auch deren Wahrnehmung, die sich niemals gleichen kann. Wer also entscheidet, was eine Krise ist?

֍   •   ֎

Als individuelles Wesen erleben wir Krisen, und natürlich ist jede dieser Krisen eine Wachstumschance. Krisen haben, aus irdischer Perspektive gesehen, einen einzigen Grund: Es gilt zu erkennen, dass es hinter der menschlichen Wahrnehmung von Schmerz, Krankheit, Pleite,

Angst, Kummer, Trennung oder was auch immer – tief in der Krise und umgeben von noch so emotionaler Dunkelheit – immer *licht* ist.

Wir sehen einen Berg, eine Blume oder ein Tier und bleiben an der Form hängen. Wir hören ein Lied und nehmen Töne wahr. Wir sehen in einem Restaurant Menschen sitzen, die sich streiten, bedient werden, trinken und essen, doch in Wahrheit ist da nichts weiter als Energie. Ein Fluss von Energie. Dieser Energiefluss ist Licht.

Das Auge erfasst nur die Materie, ordnet sie ein, interpretiert und vergleicht. Hinzu kommen Empfindungen, aber auch die gehen selten über die Begrenzungen des irdischen Daseins hinaus. Für das menschliche Gehirn ist es eine ungewöhnliche Aufgabe, sich vorzustellen, dass wir auch DAS (göttliches All-ein-Sein), was sich hinter den Formen als Essenz aller Dinge verbirgt, wahrnehmen können.

Entsprechend kommt es uns gar nicht erst in den Sinn, dass es auch Menschen gibt, die das Wesentliche erfassen, ohne zwischen Form und Licht zu unterscheiden, und die beides als absolut universell, ja als göttlich betrachten. Das Wort »göttlich« liegt vielen von uns sowieso etwas schwer im Magen, der Begriff »Gott« wird sofort mit Religion und Glauben verbunden. Ich spreche hier aber vom Göttlichen, das jenseits von Glaube und Religion angesiedelt ist – als einzig wahrer Existenz, die wir auch Licht nennen könnten.

Bleiben wir nicht an missverständlichen Begriffen hängen und nennen es einfach Licht, Einheit oder Energie, um nicht sofort aufgrund von Erinnerungen oder Vergleichen abzublocken oder gegenzusteuern. Wer das Dahinter erfasst, betrachtet die Formen nicht als »zweitrangig«, sondern ist sich ihrer Überlagerung als »Lichtträger« bewusst.

So wird ein Mensch niemals zur Nebensache. Ganz im Gegenteil: Man erkennt ihn als das eigentliche Selbst, als höchstes wahres Ich.

∾   •   ∿

Zur Richtigstellung: Wenn ich hier in diesem Buch schreibe, dass es keine Krisen gibt, spreche ich aus einer überpersönlichen Sicht heraus, die zu Ihrer Seele spricht, jedoch nie Ihren Verstand ansprechen kann. Der Verstand kann das nicht begreifen.

Wie denn auch? Er sitzt in seinem dualen Lebensspielfeld fest und bewegt sich innerhalb dieses Raums. Wie soll er darüber hinaus gelangen?

Nun, wenn unser Denken das nicht kann, was nutzt uns dann die Botschaft, dass es Krisen in Wirklichkeit gar nicht gibt? Krisen **sind** nicht, sie **erscheinen**, und der Nutzen liegt darin, dass wir diesen Satz als Ansporn nehmen dürfen, um uns von einem herkömmlichen zu einem kosmischen Dasein zu erheben.

Deshalb wage ich hier mit Ihnen den Versuch, über unser begrenztes Denken hinauszugehen und eine Perspektive einzunehmen, die weit, unbegrenzt und absolut offen ist. Es bedeutet nicht, dass Sie all dies auf Anhieb genauso sehen müssen. Ich will Ihnen keine Sicht aufdrängen. Ich lade Sie lediglich dazu ein, eine neue Variante des Sehens und Wahrnehmens auszuprobieren. *Diese ermöglicht es, über das Leid hinauszugehen und in Frieden und Freude einzutauchen, die auch dann noch da sind, wenn es im Außen Situationen gibt, die unser Denken als kritisch, schmerzvoll, unangenehm und bedrohlich einstufen wird.*

Das überpersönliche Ich, das Selbst, IST. Das persönliche Ich ERSCHEINT. Es erscheint im Bewusstsein über die Wahrnehmung im Gehirn und ist eine Spiegelung. *Eine Spiegelung kann niemals sein, sie kann nur erscheinen.*

Das ist in wenigen Worten der Grundsatz, den es zu realisieren gilt. Dieses Wissen, das viele von uns bereits haben, ist völlig wertlos, solange es nicht erfahren wird.

Jeder Mensch braucht die eigene, innere Erfahrung dieser Weisheit, damit sie erkannt werden kann, und zwar jenseits der Sinne. Solange sie nur im Gehirn herumflaniert, ist sie genauso hilfreich, als wäre sie dort überhaupt nicht vorhanden.

ॐ • ॐ

Schauen wir doch einmal gemeinsam über den Tellerrand hinaus, ohne im weltlichen Desaster steckenzubleiben. *Wir hören, lesen und reden dauernd über Probleme, Schwierigkeiten und Krisen. Kein Wunder, dass wir ständig damit konfrontiert werden. Womit wir uns befassen, das wird zu unserer Realität. Warum befassen wir uns also nicht mit schönen Dingen?*

Wenn uns etwas belastet, ist unser Hirn nonstop damit beschäftigt. Würden wir es anderweitig beschäftigen, würde sich das Problem auflösen, da es keine Nahrung mehr bekommt. Wir sind uns nicht bewusst, dass unser Nachdenken Probleme aufrechterhält. Wüssten wir es, würden wir zumindest versuchen, unsere Aufmerksamkeit nach innen zu lenken, statt im Außen Öl ins Feuer zu gießen.

❧ • ☙

Nun, Krisen gibt es überall. Hier sind es Finanzen, das Währungssystem und politische Ausrutscher, dort sind es Armut und Krieg. Wo man auch hinschaut, spielen sich Dramen ab, Katastrophen, Niederlagen und Misserfolge.

Ein Blick in die Nachrichten genügt, und wir sehen, dass ein Gau den nächsten jagt. Ein Tag ohne Hiobs-Botschaft ist reiner Luxus, denn immer scheint es etwas zu geben, das wachrüttelt, Angst macht, aufregt, bestürzt oder nachdenklich stimmt.

In den weltlichen Schein-Krisen, die für uns so echt und schmerzhaft sind, erleben wir unsere Gesinnung, unsere Gedanken, unsere Prägungen.

Wir sollten uns klarmachen, dass es ohne ein Innen das Außen nun einmal nicht geben könnte.

AUS IRDISCHER SICHT:

Wer den Sinn einer ersten Krise nicht verstanden hat, bekommt eine zweite.

Pascal Lachenmeier

AUS GEISTIGER SICHT:

Eine Krise ist etwas, was das Hirn als bedrohlich einstuft, die Augen mit Angst erfüllt und das Herz niemals gesehen hat.

Marion Musenbichler

❧ • ☙

Grundsatz und Basis
dieses Buches
im kurzen Überblick:

Auf einen AUGEN-Blick

Oberflächliche Sicht der Person

Der Mensch tritt in die Welt hinaus und sieht alles als etwas von sich Getrenntes an. Er erfährt sich als Körper und nimmt nicht wahr, dass er etwas viel Größeres als begrenzt denkendes Fleisch ist. Aus dieser engen Sicht heraus entstehen Irrtümer und Missverständnisse.

Der Mensch identifiziert sich mit der Welt und mit seinem Handeln. Er bemerkt nicht, dass alles, was er erlebt und was ihm widerfährt, lediglich eine Spiegelung im Bewusstsein ist und die Welt nur seinem Sosein entsprechen kann.

Wer einen Baum ansieht und ihn als schön empfindet, nimmt nur seine eigene Schönheit wahr. Der Baum selbst ist ganz eigenschaftslos. Wir Menschen haben ihm den Namen Baum gegeben. Der Baum weiß nichts von seinem »Baum-Sein« und seiner Schönheit. Es ist das Auge des Betrachters, das darüber entscheidet, wie es die Welt sieht. Für den Betrachter ist die Welt so, wie er sie bezeichnet, benennt oder interpretiert, aber niemals ist sie in Wirklichkeit so. Warum?

Weil Wirklichkeit nicht sichtbar ist. Das Sichtbare kann nur eine Täuschung sein, auch wenn sie für denjenigen, der sie als wahr erfährt, durchaus als Realität gelten darf. Deshalb gibt es über sieben Milliarden Wirklichkeiten, die alle stimmen. Jeder hat aus seiner Perspektive heraus Recht, und doch sind alle nichts weiter als illusionäre Gebilde eines Ichs, das den Traum träumt, ein Ich zu sein.

Es geht *nicht* darum, das Ego zu zerstören. Es geht darum, den Kern des Egos zu durchschauen und die Schleier zu entfernen, um das Licht zu sehen, das allem innewohnt. *Da ist nichts außer Licht.* Für das Ego sind da nur Formen, denen es einen Namen gegeben hat. Es erlebt sich inmitten seiner Wahrnehmungen und kreiert seinen Aufstieg und seinen Fall. Die Wirklichkeit ist namenlos, und während ich hier den zaghaften Versuch wage, über sie zu schreiben, entferne ich mich von ihr, weil sie unfassbar und ungreifbar ist.

Ich habe den Vorgang der trennenden Wahrnehmung, die uns den anderen als DU und uns selbst als ICH wahrnehmen lässt, in diesem Buch mit einem Begriff umschrieben, der nicht so vorbelastet ist. Wir reagieren auf Begriffe

**ja alle unterschiedlich, was an unseren Prä-
gungen und Erfahrungen liegen mag. Genau
hier setzt der Vorgang des WAHRMACHENS
an. Er besagt, dass Objekte mit den Sinnen
ausgewählt, also benannt und bewertet werden. Und so werden sie für jeden von uns
unterschiedlich wahrgemacht werden.**

Sie sehen zum Beispiel die Berge und stellen fest,
dass sie schön sind. Auf diese Weise werden die
Berge (samt der hinzugefügten Eigenschaft), die
Ihnen von sich aus ja nicht gesagt haben, dass sie
schön sind, zu Ihrer Realität – wohlgemerkt zu Ihrer
individuellen Realität.

Ihr Fokus hat sich nach außen gewandt, sich an
etwas festgemacht und läuft damit Gefahr, im
Außen verhaftet zu bleiben. So entfernen Sie sich
nach und nach von sich selbst: Das Krisenpotenzi-
al ist geboren.

Auf einen HERZENS-Blick

Aus reiner Wahrnehmung tiefer betrachtet

Das Weltverständnis unterscheidet sich bei jedem Menschen grundlegend, und zwar beruhend auf der Beobachtung des Einzelnen.

Weil wir nicht hinter den Schleier der Dualität oder, wie ich es nenne, der Täuschung (manifesten Erscheinung) blicken können, erscheint uns das absolut Wirkliche als phänomenale Vielfalt. Die Einheit, aus der heraus über die Sinneswahrnehmung alles Bestehende und Funktionierende zur individuellen Wirklichkeit wird, hält sich im Hintergrund. Das Gesehene ist eine Projektion, die sich als göttliches Manifest sichtbar macht und nur mit Hilfe der Einheit wahrnehmbar wird. Sie liegt allem zu Grunde und ist die Essenz aller Dinge.

Ohne diese Einheit gäbe es nämlich überhaupt kein Leben, kein Atmen, keine Welt – da sie als Antrieb davor existiert.

Wer sich von seinem verhafteten Ego und dessen Vielfalt lösen will, kann dies nur über absolute Verinnerlichung tun, wobei dies kein Vorgang oder willentliches Tun ist, sondern automatisch geschieht, wenn der Mensch dazu reif ist.

Diese Reife ist kein Privileg und auch nicht nur besonderen Menschen vorbehalten. Jeder Mensch ist tief in sich drin diese Eine Göttliche Kraft.

Reife erwächst aus vergangenen Handlungen, Gesinnungen und Erfahrungen. Je liebevoller ein Mensch sich selbst und der Welt begegnet, umso liebevoller wird er auch die Welt wahrnehmen, umso liebevoller wird sich ihm die Welt zeigen. Sie spiegelt sich als sein Gedankengut und als seine Gefühlswelt. Es heißt nicht umsonst, wie innen so außen und wie außen so innen.

Das westliche Denken beruht darauf, dass die Welt Gottes Schöpfung ist. Die östliche Anschauung dagegen sieht alles Sichtbare als vergänglich und unwirklich an und erkennt es als eine Verkörperung Gottes. Somit ist alles, was wir sinngemäß wahrnehmen können, Ausdrucksform der All-Einen Kraft. Kein Wunder also, dass im Osten ein respektvoller Umgang mit Allem selbstverständlich ist und dass der Tod keine Angst macht und keine unüberwindbare Trauer mit sich bringt.

Nun kann man aber auch nicht alles, was man aus der dualen Sicht heraus lebt, so einfach als

Illusion abtun. Solange wir Leben als real empfinden, ist all das, was wir auf der Erkenntnisebene sehen, Wirklichkeit. Bleiben wir weiterhin in unserer individuellen Wirklichkeit stecken und bemühen uns nicht, sie nach und nach zu entschleiern, bedeutet dies unwillkürlich Leid.

Die individuelle Wirklichkeit ist dual, also muss sie Gegensätze haben. Der Wunsch nach Frieden kann nur über das Innere erfolgen, da es in unserem Erleben immer Krieg geben wird, solange in unserem Denken, Handeln und Fühlen kriegerisches Potenzial vorhanden ist.

Damit meine ich nicht nur Eigensinn oder Egozentrik, sondern das Ich-Denken. Der Ich-Gedanke steht für dieses illusionäre Getrenntsein: Da bin ich, und dort ist der andere.

Das ist die vielfältige Wahrnehmung der Sinne, wohingegen es in der Einheit nie etwas anderes als DAS gegeben hat. DAS ist göttliches Bewusstsein – das Einzige, was wirklich existiert und immer war, immer sein wird und niemals vergeht.

UND JETZT?

Krisen beruhen auf dem subjektiven Erleben eines Individuums. Wenn wir davon ausgehen, dass Individualität in aller Konsequenz der Illusion von Getrenntsein entspringt, so wird uns deutlich, dass jede Krise Ausdruck eines illusionären Erlebens sein muss.

Damit ist im Grunde genommen alles gesagt. Nur, so leicht lässt sich die Kraft, die aus einem Menschen eine individuelle Persönlichkeit macht, nicht abspeisen. Sie lässt sich schon gar nicht nachsagen, dass sie eine Illusion sei. Doch bevor Sie bereits an dieser Stelle geneigt sind, das Buch empört zur Seite zu legen, warten Sie noch einen Moment. Seien Sie versichert, dass es auf den folgenden Seiten nicht darum gehen wird, Sie davon zu überzeugen, dass das, was Sie in Ihrem Leben bewegt oder vielleicht sogar durchschüttelt, bloße Einbildung ist. Nein. Desweiteren möchte Ihnen dieses Buch auch keinerlei Anlass dazu geben, an Ihrer Wahrnehmung zu zweifeln.

Kraft der Wahrnehmung werden uns Bilder gezeigt und Gerüche geschenkt. Es werden uns Geschmäcker, Klänge und Empfindungen in Hülle und Fülle präsentiert. Eingehüllt und übersetzt in alle möglichen Sinneseindrücke werden wir Zeuge einer enormen Fülle an Erscheinungsformen und Erlebnissen. Über die Gesamtheit dessen, was wir wahrnehmen, werden wir uns der Vielfalt des Lebens bewusst.

～ • ～

Die Frage, die sich stellt, ist: Müssen wir das, was wir wahrnehmen, immer auch wahrmachen?

Um dieser Frage auf den Grund zu gehen, wurde dieses Buch geschrieben – und auch, um zu beleuchten, was genau den Unterschied zwischen dem Vorgang der Wahrnehmung und des Wahrmachens ausmacht.

Ist es vielleicht dieser kleine aber feine Unterschied, der einer Krise Leben und Schwere einhaucht? Eine Schwere, die letztlich gar nicht notwendig wäre, wenn wir das Wahrgenommene so stehen lassen könnten? Erst Interpretationen, Vergleiche und Urteile ordnen das Wahrgenommene schließlich ein.

Wenn wir diesem Unterschied aber einfach nur Raum gäben, ohne zu reflektieren – keiner würde sich sorgen oder kümmern, denken oder reagieren –, was wäre dann? Wenn keiner da ist, der etwas herausstellt oder benennt, wie kann eine Situation dann eine Krise sein?

Eine Situation wird erst zu einer Krise, wenn wir uns dazu entscheiden, sie als solche zu betrachten, und darüber sollten wir einmal nachdenken.

- Halten Sie inne, lassen Sie es auf sich wirken und beobachten Sie einmal, wie Sie reagieren.
- Die Reaktion des Verstandes wird durchaus anders sein als die Ihres Gefühls, deshalb denken Sie nicht, spüren Sie einfach nur hinein, was Ihnen dieser Satz mitteilen will.

🙚 • 🙙

Eine wunderbare Einsicht ist die, dass eine Krise weder gut noch schlecht ist. Einmal etwas tiefer zu blicken und der Erkenntnis Ausdruck zu verleihen, dass eine Krise sehr wohl als Idee existiert, aber nicht dazu da ist, sich von ihr beirren zu lassen, ist eine Möglichkeit, Leid von sich abfallen zu lassen.

Ich möchte Ihnen also die Option nahebringen, sich einer scheinbar ausweglosen Situation zu stellen, sich furchtlos dem Orkan zu stellen und ihn ohne Widerstand zu betrachten. Er war ja nicht immer da. Und wenn er jetzt kommt und da ist, muss er auch wieder gehen. Je weniger wir uns darin verwickeln oder ihn mit Ablehnung oder Gedanken nähren, umso schneller und leichter wird er wieder abziehen können.

Halten Sie ihn nicht fest! Sie werden sagen, *»um Gottes Willen, das tue ich auf keinen Fall!«*, und doch tun Sie es, und zwar mit jedem Widerstand, mit dem Sie auf den Orkan reagieren und ihm damit Futter geben.

Wenn Sie aber der Situation, ganz gleich wie sie aussehen mag, gestatten hier zu sein, werden Sie Wunder erfahren. Diese könnten Sie niemals kennen lernen, wenn sie in jeder misslichen Situation nach hinreichender Analyse gleich zig Möglichkeiten entwickeln, um Abhilfe zu schaffen. Das liegt ganz einfach daran: *Probleme sind nicht dazu da, um ausgemerzt zu werden, sondern um Ihre wahre Identität zu entschleiern.* Putzmittel können einem griesgrämigen Spiegelbild schließlich auch nichts anhaben. Erkennen Sie, dass es nicht das Spiegelbild ist, das die Mundwinkel hängen lässt.

Wenn es so weit ist, dass wir uns einlassen können, wird es zu einem wahren Segen, sich dem Bewusstsein anzuvertrauen, dem bewussten Sein.

Wir durchschauen den Prozess dann. Bewusstseinsentwicklung wird zu einem Prozess, den wir *wörtlich* nehmen können. Sie ist eine »Ent-Wicklung« des Bewusstseins, doch kein »Sich-irgendwohin-Entwickeln«, sondern ein *Aus-, Ent- und Rück-Entwickeln,* weil wir das, was wir suchen und als erstrebenswert erachten, in unserem Inneren ja bereits sind. *Wir müssen also nichts WERDEN, sondern können ganz einfach das SEIN, was bisher unentdeckt blieb.*

➷ • ↼

Gerade in einer Zeit, in der die Krisen in unserer individuellen und als wahr angenommenen Welt auf allen Ebenen des Erlebens überhandnehmen, liegt es in *unserer* Hand, ob wir das Wagnis eingehen wollen – **das Wagnis, eine Krise als subjektives Erleben im Bewusstsein zwar wahrzunehmen, aber gleichzeitig auch zu durchschauen und jenseits dieses Erlebens, in der Tiefe unseres Seins, in Frieden zu erwachen.**

➷ • ↼

Lassen Sie uns gemeinsam den Weg beschreiten, der im Grunde genommen gar kein Weg ist, sondern ein einziger Moment innerer Klärung und Erhellung.

Lassen Sie es hierfür zu, bei sich selbst lange gehütete und Ihnen bisher unumstößlich erscheinende Glaubenssätze zu hinterfragen.

Zu guter Letzt: Lassen Sie diese Glaubenssätze von sich abfallen und sich von dem berühren, was sich Ihnen offenbaren möchte ...

... und zwar immer *Jetzt.*

WAS IST EINE KRISE ÜBERHAUPT?

In unserem täglichen Sprachgebrauch verknüpfen wir den Begriff der Krise wohl am ehesten mit einer Art Erschütterung. Irgendetwas erschüttert uns in unseren Grundfesten und lässt uns ein mehr oder weniger starkes Unbehagen erleben.

Ob auf gesundheitlicher, zwischenmenschlicher, finanziell-existenzieller oder religiös-spiritueller Ebene, immer geraten wir in einen Zustand des Zweifels, der Unsicherheit, bis hin zu dem Punkt, an dem wir uns geradezu bedroht fühlen. Während wir zu Beginn noch möglichst schnell nach einer Lösung suchen, büßen wir umso mehr an Kraft ein, je länger uns die Krise in Atem hält. Nicht selten mündet dieser Kraftverlust im Laufe der Zeit in Verausgabung oder sogar Resignation, aus der es keinen Ausweg mer zu geben scheint.

Gehen wir der Grundbedeutung des aus dem Griechischen kommenden Wortes »Krisis« aus, ist eine Krise, wörtlich übersetzt, erst einmal ein *Ausdruck von Trennung und Un-*

terscheidung. Dies könnte an sich erst einmal überraschend sein, da beide Begriffe – »Trennung« und »Unterscheidung« – eindeutig auf eine Aktivität hinweisen, auf etwas, was getan wird. Wer aber ist es, der da handelt? Sind es die anderen, die sich von *uns* trennen und Unterscheidungen anstellen, oder trennen *wir* uns von den anderen?

Innerhalb einer Krise drängt sich ja meist der Eindruck auf, etwas würde mit uns geschehen, ohne dass wir genau wissen, was das eigentlich ist, und noch viel weniger, was es zu tun gilt. Dass zu solchen Zeiten wir *selbst* es sind, die im Begriff stehen, etwas zu tun, oder es bereits getan haben, kommt uns nur selten in den Sinn.

≈ • ≈

Krise als Ausdruck von Trennung und Unterscheidung könnte auch ein unsichtbarer Hinweis darauf sein, dass Krisen für uns nur von einem persönlichen Standpunkt aus real sind. Die Sicht des Getrenntseins – die Welt da draußen, der Mensch dort drüben, der Hund da unten, der Nachbar zu meiner Linken, der Chef nebenan – macht Krisen überhaupt erst möglich. Wenn wir aus der Vielheit in die Einheit eintauchen und sie als das ALL-Eine erleben, können Krisen keinen Nährboden mehr finden.

Wo Einheit ist, gibt es nichts, das uns stören oder belasten kann. Nur in der Vielheit kann uns etwas bedrücken und tangieren. *Aber auch nur deshalb, weil ...*

- *wir es so erleben und unser Unwohlsein auf eine Sache projizieren*
- *wir uns als der Handelnde erfahren*
- *wir Gefühle als »unsere« einstufen*
- *wir uns mit den Gedanken identifizieren, die wir in Besitz nehmen und ebenso als unsere annehmen und deklarieren.*

Lassen Sie uns also etwas genauer betrachten, wie es kommt, dass die wörtliche und die erlebte Bedeutung des Wortes Krise so voneinander abweichen. Dabei könnte es hilfreich sein, sich ein konkretes Beispiel aus dem eigenen Erleben herauszugreifen.

Nur zu, machen Sie mit. Denken Sie an eine Situation, in der sich Anzeichen einer Krise in Ihrem Leben gezeigt haben oder aktuell gerade zeigen. Gleich an dieser Stelle könnte die Frage auftauchen: Ab wann wird ein Problem zu einer Krise? Wann ist es schlimm genug, dass ein Zustand als Krise beschrieben werden kann?

Darauf wird sich keine allgemeingültige Antwort finden lassen, denn jeder Mensch trägt seinen individuellen Gradmesser für eine Krise in sich selbst. Die einen empfinden es zum Beispiel als kritisch, wenn sich die Vorstellung hinsichtlich der eigenen Urlaubsplanung nicht verwirklichen lässt. Andere wiederum erleben durch Konflikte im Umfeld oder ganz allgemein in der Welt eine Zeit der Krise, und für abermals andere bedeutet der Verlust von Sinnhaftigkeit im Leben eine leidvolle Herausforderung.

Außerdem könnte der Zeitraum entscheidend sein, wie lange eine Situation ein ums andere Mal – oder dauerhaft – ihre belastende oder aufreibende Wirkung entfaltet. So kann bereits ein kurzer Moment heftiger Irritation von Ihnen als tiefe Krise erlebt werden, aber auch ein schleichender und nagender Prozess, der sich eher subtil, dafür jedoch über einen langen Zeitraum bemerkbar macht.

Wenn Sie sich soeben eine entsprechende Begebenheit in Ihrem Leben vergegenwärtigt haben, gilt es herauszufinden, an welchem Punkt sich diese Begebenheit in Ihrem Erleben in eine Krise gewandelt hat. Wann genau war es Ihnen zum ersten Mal klar: Ich befinde mich in einer Krise? Um Ihnen ein paar Anhaltspunkte zu geben, könnten solche Momente beispielsweise von mehr oder weniger leisen Anzeichen von Ausweglosigkeit, Ohnmacht, Erschöpfung, Sorge oder gar einer gewissen depressiven Verstimmung begleitet gewesen sein. Genau einen solchen Moment gilt es zu entdecken.

Es könnte nämlich der ausschlaggebende Moment gewesen sein, der Sie wissen ließ, dass Sie drauf und dran waren, sich immer weniger als kraftvolles und zuversichtliches Wesen anzuerkennen – und sich stattdessen von sich selbst verunsichern ließen.

❧ • ❦

Die Krise auffangen: In genau dem Moment, wo wir ein wirkliches Problem feststellen, sollten wir ...

- *innehalten und nicht dem Kopf das Zepter übergeben*
- *bewusst die Aufmerksamkeit vom Nachdenken und Grübeln abziehen*
- *hineinspüren*
- *feststellen, welche Gefühle hochkommen*
- *Gefühle zulassen und sie betrachten*
- *uns fragen, was wir mit diesen Gefühlen zu tun haben*
- *erforschen, wo diese Gefühle herkommen*
- *erforschen, wo diese Gefühle entstehen, also ihren Ursprung haben*
- *wie real diese Gefühle sind*
- *wie wichtig diese Gefühle sind*
- *ob wir sie überbewerten*
- *uns zuletzt noch fragen: Wer empfindet die Krise? Was ist so schlimm daran und was geschieht, wenn wir nicht an die belastende Situation denken?*

Schon allein, sich der Krise *nicht* hinzugeben und *nicht* in das Drama einzusteigen, schwächt die Situation ab und nimmt ihr die Bedrohlichkeit.

Wir müssen eine Krise nicht verstehen.

Wir sollten ihren Ausgangspunkt, ihre Quelle, ja ihren Brennpunkt eruieren. Das ist kein willentlicher Vorgang, sondern ein »sich fallen lassen«. Es erfordert ein stetiges und beharrliches Hinterfragen jenes Punktes, an dem Krisen – und damit alles, was existiert und besteht – ihren Ursprung haben. Dieses Hinterfragen geschieht nicht über den Intellekt, vielmehr ist es ein innerer Dialog mit der eigenen göttlichen Existenz.

ᕉ   •   ᕊ

Verunsicherungen, der Verlust an Lebenskraft, vor allem an Begeisterung für die Bewegungen des Lebens, sind Hinweise, dass etwas in uns zum Erliegen kommt. Als ob wir innerlich einfrieren würden, verlieren wir auch an äußerer Bewegtheit und Beweglichkeit. Unseren dynamischen Kräften schwindet die Energie, und wir geraten immer mehr in den Zu-Stand von Verzweiflung. Der Zu-Gang zur eigenen Selbstverständlichkeit scheint verschüttet zu sein, und so verrennen wir uns in dem Bemühen, Gott und die Welt verstehen zu wollen, ja gar verstehen zu *müssen*, damit uns nicht alles aus den Händen gleitet. Wir beginnen mit Analysen, die uns in ein Labyrinth schicken. Einen Ausweg gibt es nicht. Über den Ver-Stand wollen wir unsere Probleme lösen und merken dabei nicht, wie wir innerlich zum Still-Stand kommen. Indem wir alles daran setzen zu **ver-stehen,** bleiben wir **stehen** und schenken der ursprünglichen Kraft und Dynamik des Lebens immer weniger Beachtung.

Dies zu erkennen ist der erste Schritt zur Umkehr, der erste Schritt, sich aus der drohenden Stagnation zu verabschieden. Ohne zu wissen, woher eine Krise gekommen ist, gilt es daher zunächst einmal nur zu bemerken, *dass sie da ist.* Wenn Sie also den Moment entdeckt haben, der Sie auf eine kritische Lage aufmerksam gemacht hat, ist dies wirklich ein großes Geschenk.

Man könnte es auch Gnade oder Segen nennen. Allein schon, »sich bewusst einzugestehen«, dass einen etwas hemmt, setzt in der Folge sehr viel Kraft frei, die einem wieder zur Verfügung steht. Seien Sie *dankbar* für eine solche Entdeckung und wagen Sie es, sich noch einer weiteren Frage zu stellen: Was war den Momenten der Stagnation, der Verzweiflung und Verunsicherung unmittelbar vorausgegangen?

Ohne zu wissen, um was es in Ihrem Fall konkret geht, kann angenommen werden, dass jedem dieser Augenblicke etwas vorausgeht, das ohne Weiteres als *Unterscheidung* oder *Trennung* bezeichnet werden kann. Sie erinnern sich, beide Begriffe entsprechen der wörtlichen Übersetzung von Krise (griechisch *Krisis*) und legen nahe, dass wir selbst zu misslichen Situationen beitragen, statt dass sie uns bloß widerfahren. Tatsächlich sind *wir* es, die fortwährend trennen und unterscheiden – und wir sind es auch, denen die Wirkung dieses Vorgangs widerfährt. Es ist eine Art Spiegelung, die etwas reflektiert, das wir mit uns tragen, etwas, das wir sind, das uns ausmacht. Es ist weder gut noch schlecht, wenn etwas geschieht, es ist einfach so. Es ist dieses eine Ereignis, das wieder abziehen wird.

Alles, was kommt, wird auch irgendwann gehen, und das Beste, was wir tun können ist, diesen Vorgang nur zu betrachten. Ja, wir betrachten ihn einfach. Wir nehmen eine Beobachterrolle ein und schauen uns das Leben wie einen Film an, statt uns in unserer Rolle zu verlieren. Wir steigen nicht in das Drama ein.

Die Rolle des Menschseins ist zwar hartnäckig und zäh, aber vielleicht sind wir gerade deswegen aufgerufen zu erkennen, *dass jeder Mensch nur die Hülle seiner wahren Existenz ausmacht.*

Machen wir uns auf den Weg, um das Verborgene in uns zu entschleiern, und lenken wir unsere ganze Aufmerksamkeit und Energie darauf. Auch eine Krise ist weder gut noch schlecht, und doch kommen wir meist nicht umhin, sie als störend oder zermürbend von uns weisen zu wollen.

๛ • ๑

Wie aber kommt es ganz konkret zu einer Unterscheidung zwischen *gut* und *schlecht?* Nun, jedem Moment, in dem Sie auf eine Krise aufmerksam werden, geht mit aller

Wahrscheinlichkeit eine mehr oder weniger vage Wahrnehmung voraus, dass irgendetwas nicht in Ordnung ist. Eine zumeist blitzschnell und automatisiert ablaufende Analyse dieses Eindrucks macht Ihnen bewusst, dass etwas in Ihrem Leben anders verläuft, als Sie es sich wünschen, vorstellen oder jemals für möglich gehalten haben. Stimmt's?

Was Sie an genau dieser Stelle tun könnten ist, bei der Ursprünglichkeit der Wahrnehmung zu bleiben. Sie könnten sie sich bewusst machen und wieder gehen lassen, ohne sich länger um sie zu kümmern. Doch in den meisten Fällen finden Wahrnehmungen unwillkürlich statt. Wir bemerken nur: Hier ist etwas nicht in Ordnung. Aber muss das Leben denn »in Ordnung« sein? Wer definiert das Wort Ordnung? Was genau ist Unordnung?

Das Leben wird nie unseren Vorstellungen entsprechen, deswegen lohnt es sich auch nicht, enttäuscht oder beleidigt zu sein, wenn es einmal andere Wege nimmt. Lassen wir uns doch überraschen und geben wir uns den ungewissen Bahnen hin. Wir brauchen schließlich nicht zu wissen, was morgen ist, es wird sich schon zeigen. *Leben* wir das, was uns das Leben schenkt, statt in Vorstellungen darüber zu versinken, wie es sein könnte. Trauern wir nicht dem nach, was wir nicht haben, *sondern freuen wir uns an dem, was gerade ist.*

Menschen wollen immer alles wissen. Wie alt werde ich? Was geschieht nächstes Jahr? Werde ich einen Partner kennen lernen? Werde ich endlich meinen Traumjob finden? Bleibe ich gesund? Das ist höchst eigenartig, aber viele Menschen werden sagen, dass es für sie völlig normal ist, dies wissen zu wollen. Gehören Sie auch dazu?

Nein, es ist nicht »normal«, dies alles wissen zu wollen. Normal ist es, sich dem Moment hinzugeben und das Leben zu erfüllen. Was nutzt es, Antworten auf all diese Fragen zu haben? Nehmen wir einmal an, jemand würde Ihnen das alles beantworten, wäre es nicht manipulativ? Wenn ich jetzt zu Ihnen sage, ja, Sie werden einen Partner finden, oder nein, Sie bleiben allein, wird das mit Bestimmtheit etwas in Ihnen auslösen. Es beeinflusst Ihre Gedanken, Gefühle und Handlungen. Und nun erinnern Sie sich bitte an einen meiner Leitsätze, wonach alle Gefühle, Gedanken und Handlungen *Ursachen* sind, die eine *Wirkung* erzeugen. Die Wirkungen zeigen sich entsprechend als Begegnungen oder Lebenssituationen, *und so kommt es, dass jeder Impuls, den Sie aufschnappen, Ihr Leben formt.*

Man kann also sagen, auch wenn das Leben Bestimmung ist, ist es doch jeden Augenblick gewillt, eine andere Richtung einzuschlagen. Alles, was zu Ihnen dringt, ganz gleich über welche Sinne, ist zukunftsformende Energie. Folglich ist es am Besten, *wenig* zu wissen, nicht abzuschweifen und sich nicht zu vielen Impulsen und Reizen auszusetzen.

❧ • ☙

Während reine Wahrnehmung (das Urprinzip des Lebens) das Leben in Bewegung versetzt, geht das Wort »Fest-Stellung« in eine ganz andere Richtung. Dynamik scheint dadurch in den Hintergrund zu rücken und der Statik zu weichen. Der Vorzug von Statik ist, dass etwas von allen Seiten betrachtet werden kann und Anlass zur Hoffnung gibt, dass es nicht nur bewahrt, sondern auch verstanden wird. Im »Ver-Stand« sehen wir Aussicht auf »Be-Stand«. Auf unseren »Ver-Stand« können wir uns verlassen, und so versteifen wir uns auf »Fest-Stellungen« und belegen das, was wir wahrnehmen, mit einem Wert.

So kommt es, dass Sie zu der Feststellung gelangen, ein Ereignis in Ihrem Leben ist schön oder unschön. *Ob die Bewertung positiv oder negativ ausfällt, ist an diesem Punkt gar nicht entscheidend, so erstaunlich sich das auch anhören mag.* Worauf es nämlich eigentlich ankommt ist, dass Ihre Bewertungen bei der Entstehung einer Krise eine entscheidende Rolle spielen.

Durch Bewertungen nehmen wir auf mentaler Ebene etwas wahr, stellen es fest und ordnen es ein. Soweit so gut. Was aber würden Sie sagen, was es braucht, um eine Bewertung überhaupt vollziehen zu können?

ACHTUNG! Mit der Antwort auf diese Frage beantworten Sie gleichzeitig die Frage, was eine Krise überhaupt ist. Eine Bewertung lebt von graduellen Abstufungen und vielfältigen Betrachtungsweisen. Gäbe es nur *einen* Wert, wären diese gesamten Überlegungen überflüssig. Würden wir nur der *Einheit* dienen, ohne sie zu einem Wert zu stilisieren, würde es dieses Buch nicht geben. Da es aber geschrieben wurde, ist es gewissermaßen der substanzielle Beweis dafür, dass wir immer wieder auf mehrere, auf vielfältige Werte zurückgreifen. Und genau diese Tatsache macht es erforderlich, dass wir zunächst einmal Unterscheidungen treffen, Differenzierungen vornehmen und die Dinge voneinander trennen. Wie sonst könnten wir zu einer Bewertung gelangen?

Da haben wir nun also die Antwort auf zwei Fragen gleichzeitig – auf die neue Frage, was für eine Bewertung erforderlich ist, und auf die ursprüngliche Frage, wie eine Krise eigentlich entsteht. Sowohl für die Bewertung als auch für die Krise ist die Initialzündung die *Unterscheidung*, die auf der Grundlage einer *Feststellung* den Vorgang einer *Scheidung*, einer *Trennung* bedingt.

Es kann also davon ausgegangen werden, dass eine Krise nicht erst beginnt, wenn wir ein unangenehmes Gefühl verspüren. Sie beginnt schon viel früher. Sie beginnt nämlich immer genau dann, wenn wir die Dinge voneinander unterscheiden und sie mit einem Wert belegen – wie zum Beispiel bei »gut« und »schlecht«, »erwünscht« und »nicht erwünscht« und allen möglichen anderen Polaritäten.

☙ • ❧

Wählen wir ein konkretes Beispiel: Es könnte doch sein, dass Sie bemerkt haben, dass Sie immer dann eine gewisse Ohnmacht in sich verspüren, wenn Sie an Ihre finanzielle Situation denken. Wie kommt es zu diesem Erleben? Geschieht es, weil Ihre Gedanken Ihnen bestätigen, dass Sie nicht viel Geld haben? Woher wissen Sie, was viel und was wenig ist? Es kann nur daher kommen. Aufgrund von Beobachtungen oder Erfahrungen, die auf Vergleichen beruhen, haben Sie vorher diese oder eine ähnliche Feststellung getroffen: »Mein Kontostand könnte auch höher sein.« Um also überhaupt in den Genuss von Unruhe zu kommen, hatte bereits im Vorfeld einiges in Ihnen stattgefunden, das Sie nun glauben lässt, dass das, was Sie wahrnehmen, auch *wahr* ist.

Je mehr Sie diese Wahrnehmung fortan als absolut erachten, ohne sich zu vergegenwärtigen, dass auch andere Betrachtungsweisen in Frage kommen, desto mehr sind Sie drauf und dran, Ihre Wahrnehmung wahrzumachen.

Sie bestätigen dann wiederholt das, was Sie in Ihrem Leben zu einem bestimmten Thema erkannt und festgestellt haben – und machen es ein ums andere Mal wahr.

Doch möglicherweise entscheidet gerade der Unterschied zwischen dem Vorgang der *Wahrnehmung* und des *Wahrmachens* darüber, ob Sie eine Situation als Krise erleben oder nicht. Lassen Sie uns deshalb einmal gründlich untersuchen, was der Begriff des Wahrmachens eigentlich genau meint.

SICH DER KRISE BEWUSST WERDEN

Zunächst einmal kann angenommen werden, dass der Moment, in dem Sie innerhalb Ihrer Wahrnehmung auf die Idee kommen, eine Unterscheidung vorzunehmen, die Geburt einer jeden Krise ist. Diese entsteht auf der Grundlage eines Trennungs-Gedankens. Durch ihn findet eine Aufspaltung der Gesamtheit aller Dinge statt, wodurch Einzelnes differenziert betrachtet werden kann. Diesen Vorgang ständig zu wiederholen und aus ihm eine Art Gewohnheit zu machen, die mit der Zeit nicht mehr hinterfragt wird, führt dazu, dass aus einem *Wahrnehmen* ein *Wahrmachen* wird. In allem vor allem Unterschiede und Trennung zu sehen, *macht Trennung wahr und führt immer tiefer in die Krise.*

Jetzt könnte sich in Ihnen vor allem ein Gedanke regen: Das Leben mit all seinen Facetten ist nun einmal wahr, warum es also nicht auch wahrmachen? Dieser Gedanke könnte sich dann weiter zu dem Glauben ausformen, dass es durchaus angebracht ist, dem eigenen Dasein einen gewissen Nachdruck zu verleihen. Andernfalls wäre es ja fast so, als gäbe man sich selbst keine Bedeutung, keinen Sinn – so könnten Sie argumentieren.

Wenn Sie mehr oder weniger vehement davon ausgehen, dass der Wahrheit des Lebens angemessen Genüge getan werden müsse, so widerspricht Ihnen da sicher auch niemand. Nur gilt es, sich dabei zweierlei zu vergegenwärtigen. Zum einen wird Wahres nicht dadurch wahrer, dass Sie ihm Nach-Druck verleihen, und zum anderen machen Sie nicht nur das wahr, was Ihnen behagt, sondern immer alles – *auch jede einzelne Krise.* Krisen wahrzumachen, lässt uns jedoch in den meisten Fällen leiden. Ob dies wirklich immer unweigerlich so sein muss, wird jeder Mensch für sich selbst herausfinden müssen. Im besten Falle ist das vorliegende Buch eine von vielen Möglichkeiten, diese Frage für sich zu klären.

Vielleicht ist das Prinzip des Wahrmachens aber auch noch nicht vollständig klar. Es könnte doch sein, dass Sie denken: »Was mach ich denn schon groß? Und was meine Gedanken angeht, da mach ich gleich zwei Mal nichts.« Es ist nicht weiter verwunderlich, dass in uns der Glaube vorherrscht, Gedanken seien etwas, das uns einfach widerfährt. So denken die meisten von uns und haben schon immer so gedacht. Denken ist aber eine Tätigkeit, und *wir* sind da die Tätigen. Ja, im Denken sind wir tätig – und dies wiederum nimmt Einfluss auf uns, auf unsere geistige, emotionale und nicht zuletzt auch körperliche Beweglichkeit. Und diese Beweglichkeit steuert das Leben und hält es lebendig und wach.

Dass wir noch nicht verinnerlicht haben, welche Tragweite Gedanken haben, ist zutiefst nachvollziehbar. Wir können ja auch nicht sehen, was geschieht, wenn sich freie Energien in uns zu Gedanken verdichten – so wenig, wie wir sehen können, wie sich Gedanken zu Materie ausformen. Und was wir nicht sehen und sinnlich nicht nachvollziehen können, das weisen wir in den meisten Fällen von uns.

Wir sind dann auch nicht geneigt, die Verantwortung dafür zu übernehmen. Es ist ja schon schwierig genug, für sichtbare Taten die Verantwortung zu übernehmen, wie schwierig erscheint es uns dann erst, die Verantwortung für Gedanken zu übernehmen.

Und warum auch?

Dürfen wir nicht denken, was wir wollen?

Ja, das dürfen wir. Es gilt lediglich einzusehen, dass das, was wir denken, *Relevanz* hat. Denken Sie, was Sie wollen, aber seien Sie sich stets bewusst, *dass Ihre heutigen Gedanken die Saat von morgen ist.*

                                    ॐ • ॐ

Unsere Gedanken haben Relevanz, und das wissen wir auch. Nur denken wir meistens erst daran, wenn wir uns schon über Stunden hinweg darin verloren haben. Dabei wird das, was auch immer wir uns im Kopf gerade zusammenreimen, im Außen keimen – und deswegen sollten wir hier achtsamer sein.

Wenn es uns nicht gut geht, kommt nur selten jemand auf die Idee, dass der Umgang mit den eigenen Gedanken dazu beiträgt oder beigetragen hat.

In dem Moment, wo wir uns schlecht fühlen, jemanden anrufen und ihm unser Leid klagen, hoffen wir auf seelischen Beistand. Gingen wir davon aus, dass wir uns das Leben selbst schmieden, es nur eine Spiegelung der inneren Haltung ist und auch der andere das wüsste, würden wir ihm wohl nicht auf dieselbe Art und Weise unser Herz ausschütten.

Unbewusstes Gespräch:

»Mir geht es nicht gut. Mein Lohn wurde gekürzt.«

»Ach, du Ärmster. Was hast du bloß für einen miesen Chef!«

Alternative Möglichkeit:

Ich denke mir: Mir geht es nicht gut. Mein Lohn wurde gekürzt.

Wo habe ich mir selbst Wert entzogen? Wo halte ich mich kurz? Wo fließe ich nicht? All diese und andere Fragen dienen allein der Bewusstwerdung und gehen daher ohne Vorwürfe und Analysen einher. Es geht lediglich darum, etwas zu bemerken, sich dem hinzugeben und zu wissen, dass es seine Richtigkeit hat. Möglich, dass daraufhin eine Handlung erfolgt oder auch nicht, stets jedoch erfolgt sie intuitiv und niemals, um ein bestimmtes Ergebnis zu erzielen. Was geschieht, geschieht.

Das Telefongespräch hat sich erübrigt.

Wenn es uns nicht gut geht, läuft meistens ein Prozedere ab, das immer gleich vonstatten geht. Wir glauben, dass die Umstände misslich sind oder dass wir die Situation mit unseren Taten selbst verschuldet haben.

ACHTUNG! Auch wenn wir die Situation unbewusst erzeugen und sie aus unserer energetischen oder gedanklichen Haltung heraus eine missliche Form angenommen hat, so bedeutet das nicht, dass wir schuld sind. Schuldzuweisungen haben einen *religiösen* Anstrich und wurden seit jeher dazu genutzt, um Menschen zu kontrollieren und zu manipulieren. Etwas anderes ist es jedoch, die *Verantwortung* für etwas zu übernehmen und sich einzugestehen, dass es ist, wie es ist. Dieses Eingeständnis muss nicht im Mindesten mit Schuld verknüpft sein, die ohnehin auf nichts anderem als auf der Einbildung beruht, der Handelnde zu sein, der sein Leben nach eigenem Willen steuern kann. Sicher, wir leben unser Leben nach unserem Willen, aber der persönliche Wille ist immer in ein universelles Geschehen eingebettet, jenseits dessen der Mensch niemals in der Lage ist, etwas zu tun, das nicht sowieso geschieht.

BEISPIEL: Die Sonne scheint, und der Schnee schmilzt. Selbst wenn der Schnee schmilzt, haben weder er noch die Sonne daran Schuld. Es geschieht einfach, wie es sich fügt, und auch wenn wir es nicht sehen oder verstehen wollen, mit dem Menschen verhält es sich ganz ähnlich. Lassen wir dieses eigen-willige Schuldthema also ein für alle Mal los. Niemand hat an dem, was geschieht, Schuld. Es ist, was es ist, ein Ereignis, das sich ergibt. Es ist, wie es ist. Es ist weder gut noch schlecht.

Warum sich aus welchen Ursachen welche Wirkung ergibt, ist komplett irrelevant. Selbst wenn es einen Grund gäbe, wäre diese Information völlig nutzlos und uninteressant. Zugegebenermaßen nicht für den Verstand. Der ergötzt sich an Gründen und Analysen, will alles wissen und verstehen. Gerade deswegen aber sollten wir ihn in Zaum halten.

Es lohnt sich.

Ganz gleich, was uns im Leben widerfährt, wir sind es gewohnt, jemandem die Schuld zu geben. Entweder ist es der andere, oder es sind die Umstände oder wir selbst. Das Wort »Schuld« ist mit so viel Schwere belegt – und damit ist es ein ausgezeichnetes Beispiel dafür, wie ein einziges Wort oder ein einziger Gedanke Einfluss auf unser Empfinden nehmen kann. Ob unausgesprochen oder ausgesprochen ist dabei ganz gleich, Fakt ist, dass die Schuldzuweisung eine Krise nicht verbessert. Sie gibt ihr vielleicht ein anderes Gesicht, aber auch das wird uns leiden lassen.

Stellen Sie sich vor, Sie treffen gutgelaunt auf einen Bekannten, der Ihnen Vorwürfe macht: Du hast Schuld daran, dass … Und schon ist sie dahin, die gute Laune. Bereits hier kann eine kleine emotionale Krise in Kraft treten. Und das ist ein entscheidender Punkt.

Wir haben es nicht in der Hand, wie unser Leben im Wesentlichen verläuft, wir haben aber durchaus die Wahl, wie wir damit umgehen.

Sie wussten kurz davor noch nicht, dass Sie auf Ihren Bekannten treffen werden, und auch nicht, dass ein einziges Wort in Ihnen Traurigkeit, Zorn oder Enttäuschung auslösen wird.

So versucht jeder Mensch seit jeher sein Leben zu meistern und wundert sich, wenn Dinge geschehen, die er gar nicht wollte. Zieht er aber auch in Betracht, dass sich das Leben ganz einfach ergibt und jede Sekunde etwas geschehen kann, mit dem nicht zu rechnen ist?

WIE SIE DER KRISE IM ALLTAG GEGENÜBERTRETEN

Es gilt also, sich der Krise zu stellen und für sie Verant-wortung zu übernehmen, aber wie? Nun, im Wesentlichen geschieht dies, indem Sie sich der Gedanken, Gefühle und Handlungen bewusst werden, die Trennung bewirken. Dieser Bewusstwerdungsprozess verfolgt nicht das Ziel, das zu beleuchten, was sich in der scheinbar äußeren Welt ereignet, sondern aufzuzeigen, was sich in Ihnen bewegt und wie Sie damit umgehen. Den Verlauf einer Krise ent-scheidet nicht derjenige, den Sie schuldig gesprochen haben, sondern Ihre Einstellung oder Ihre Gesinnung dazu, beziehungsweise Ihr Umgang damit.

Wahrscheinlich ist niemand mit einer Krise und ihren Unannehmlichkeiten einverstanden. Wenn Sie sich aber mit der Situation nicht mehr identifizieren, sich nicht mehr allzu sehr in sie hineinwühlen und sie stattdessen sein las-sen, öffnet sich eine Tür, die einen anderen Raum freigibt. Wann immer Sie diesen neuen Raum betreten, ist die Krise für den Verstand zwar noch da und auch nachvollziehbar, doch haben Sie sie energetisch hinter sich gelassen. Anders ist es, wenn Sie an Ihrem Raum, also an der Situation und den dazugehörigen Gedanken und Gefühlen, festhalten, denn dann haben sie wirklich ein Problem.

Wer nicht über den Tellerrand hinausblickt, wird in der Suppe ertrinken. Das ist logisch. Deshalb müssen wir aus der Suppe heraus, uns auf den Tellerrand begeben und springen. Das bedeutet nicht, die Situation zu ignorieren oder schönzureden. Es geht lediglich darum, nicht zu viel und nicht zu wenig an Energie hineinzugeben, sondern sich neu auszurichten. Die Aufmerksamkeit wird woanders hingelenkt, am besten nach innen, weil dort keine neuen Ursachen gesetzt werden, die Ihnen wieder neue Wirkungen bescheren.

઄ • ઼

LUST AUF LEID? SIE KÖNNEN …

A … sich mit der Situation identifizieren und damit am Leid festhalten.

B … das Problem analysieren und sich immer mehr darin verbeißen.

C … nach einer Lösung suchen, weiterhin darin umherirren und sich unwohl fühlen.

D … die Situation ablehnen und gegensteuern, was bedeutet, dass Sie durch den Widerstand alles verschärfen. Warum? Weil es darum geht, sich einfach hinzugeben und das Ganze zu durchschauen. Es zu bemängeln ist reiner Egoismus, der an den Gegebenheiten nichts ändern wird.

LUST AUF LEICHTIGKEIT? SIE KÖNNEN ...

E ... damit einverstanden sein oder nicht, dagegen oder dafür sein oder auch gar keine Stellung dazu beziehen. Die Akzeptanz eines »Es darf so oder so sein« ist eine starke Haltung, die man sich aneignen und angewöhnen kann.

F ... von jeglicher Identifikation ablassen.

G ... Ablehnungen und Widerstände betrachten und verabschieden, um sich dann im Einklang mit den Gegebenheiten auszusöhnen.

H ... von Ihrer persönlichen Wahrnehmung ablassen und sich des Ursprungs der Situation bewusst werden – bewusst sein.

I ... dem reinen Bewusstsein dienen.

Mit anderen Worten: Wir könnten uns fragen, ob wir weiterhin in Kauf nehmen wollen, uns im Schmerz zu suhlen und durch Bindungen immer wieder Leid zu erzeugen. Doch auch die Freude ist auf der Ebene der Dualität angesiedelt. Wir sollten über den Schmerz *und* die Freude hinausgehen und all das hinter uns lassen.

Erforschen wir lieber, wo Freud und Leid ihren Ursprung haben. *Ent-scheiden* wir uns, von Bindung abzulassen und damit auch von *Unterscheidung*, Trennung, Identifikation und Unfrieden. Dann können wir aus der dualen Sicht *ausscheiden* und uns in einen neutralen Bereich des Beobachtens und Erlebens begeben. Aus dem heraus erfahren wir keine Krisen mehr, sondern nur noch Aufgaben, die sich uns stellen. Wir lehnen sie nicht ab, sondern heißen sie willkommen. *Sie dürfen da sein.* Wir sind uns bewusst, dass das, was kommt, auch wieder geht. ALLES was kommt, ist herzlich willkommen. ALLES was gehen will, halten wir nicht fest. Fassen wir Mut, den Glauben an Individualität in das Wissen um die Einheit allen Seins münden zu lassen, und wählen den Weg der Selbsterforschung.

Dass wir diese Wahl haben, dessen sind wir uns gar nicht bewusst. Wir glauben, es wäre unser Schicksal, immer wieder auch leiden und in eine Krise geraten zu müssen. Um zu erkennen, dass dies nicht sein muss, braucht es die Gewissheit, dass wir wirklich eine Wahl treffen können.

Ja, es ist so, dass der freie Wille eines Menschen dem göttlichen Willen untergeordnet ist. Ja, wir können uns nicht in dem Sinne entscheiden, wie wir uns das gemeinhin vorstellen. Dennoch gilt es zu entdecken, dass wir bereits seit jeher eine Wahl treffen oder getroffen haben, nämlich die des *Wahrmachens*. Wir entscheiden von jeher, was für uns wahr ist und was wir wahrnehmen. Das berühmte Beispiel mit dem Glas, das halb leer oder halb voll ist, zeugt davon. Sie überlegen keine Sekunde, ob Sie es so oder so sehen. So, *wie* Sie es sehen, sprechen Sie es augenblicklich aus oder denken es. *Wie* Sie etwas sehen oder sehen wollen, ist damit eine Form des Willens.

Ihre spontane Wahrnehmung erfolgt so spontan, dass Ihnen gar nicht aufgefallen ist, dass Sie gewählt haben. Wenn ich sage, das Glas ist halb voll, ist das keine Gewissheit. Es ist eine Meinung, eine Art Einschätzung, und die ist gewollt oder auch nicht. Diese *Feststellungen* geschehen geradezu ununterbrochen, man könnte auch sagen, sie geschehen automatisch. Ist es eine Gewohnheit? Eine Prägung oder eine alte Sicht, die sich in uns verselbständigt hat? Es gilt herauszufinden, was diese Vorgänge eigentlich ausmacht, die uns immer wieder eine Krise bescheren und uns leiden lassen.

Das Prinzip des Wahrmachens, das ich Ihnen im vorliegenden Buch vorstelle, ist ein *Werkzeug*. Es dient dazu, in die Tiefen unseres Verhaltens vorzudringen und ein besseres Verständnis dafür zu bekommen. Wer sich selbst nicht kennt, bleibt in seinen automatisierten Handlungen, Gedanken, Taten und Gefühlen stecken und wird sich auch weiterhin einbilden, Krisen *lösen* zu müssen. *Krisen brauchen keine Lösung, sondern ein tieferes Verständnis für ihr Entstehen und ihre Identität.*

ॐ • ॐ

Alles hat seine zwei Seiten. Etwas wahrzumachen birgt in jedem Fall die Möglichkeit, sich das Wahrgemachte konkret anschauen zu können, so dass wir aufs Neue eine Wahl treffen können. Was das Erleben einer Krise betrifft, liegt es daher in jedem Moment an uns, ob wir uns weiter ins Leid gleiten lassen und damit identifizieren oder die Situation als Möglichkeit anerkennen, zu erwachen und die Bewusstheit über uns selbst zu erweitern.

Krisen haben ihre Berechtigung. Wenn alles für uns in Ordnung zu sein scheint und nach unseren Vorstellungen läuft, kommen wir selten auf die Idee, uns selbst erkennen zu wollen. Eine Krise gibt uns schon eher Anlass dazu. Wir fragen uns dann: Wo ist etwas schief gegangen? Ist überhaupt etwas schief gegangen, oder empfinde ich es nur so? Wenn ich es so empfinde, wer trägt Verantwortung dafür? Ich oder jemand anderes? Liegt es überhaupt in jemandes Verantwortung, oder ist das, was da geschehen ist, einfach nur Teil meines Lebens? Habe ich dann überhaupt noch Einfluss auf mein Leben? Und wenn nicht, auf was habe ich denn Einfluss?

Um das *Prinzip des Wahrmachens* etwas klarer werden zu lassen, finden Sie hier einen Aus- und Überblick auf die folgenden Kapitel des Buches – und sofern Sie dies möchten, wird es Ihre Entdeckungsreise sein. Sich der Reise bewusst anzuschließen ermöglicht es, sich jene Vorgänge des Wahrmachens zu vergegenwärtigen, die in eine Krise hineinführen können. Die einzelnen Schritte dieses Prozesses aufmerksam zu verfolgen, könnte daher zeigen, was es zu tun oder auch zu unterlassen gilt, um sich der Schwere einer Krise zu entziehen. Schwere entsteht durch Identifikation. Wenn die durchschaut wird, wird jegliche Identifikation Schritt für Schritt durchschaut und kann letztlich aufgegeben werden.

Krisenentschärfung im Überblick

Wer die persönliche Identifikation als Ursache für seine Probleme erkennen kann, der bekommt einen entscheidenden Schlüssel in die Hand. Und wie bei jedem Schlüssel ist es auch bei diesem so, dass er entweder etwas (er)öffnet oder (ab)schließt.

Wählen wir in einem Moment die Offenheit der Wahrnehmung, bleiben wir auch innerlich offen für die Summe aller Möglichkeiten. Dadurch hat das Leben endlich die Chance, uns in jeder noch so misslich erscheinenden Situation auf einen gangbaren Weg aufmerksam zu machen. Und den gibt es immer, doch durch die Schranken der persönlichen Wahrnehmung bleibt er für uns oft unsichtbar.

Wählen wir hingegen wieder die Identifikation, in der wir irgendetwas wahrmachen, etwas glauben, uns einbilden oder interpretieren, verschließen wir uns vor diesen möglichen Wegen. Wir beschließen damit auch die jeweilige Krise.

Ein möglicher Weg muss nicht unbedingt als Ausweg bezeichnet werden, da eine Krise nur ein illusorisches Hindernis ist, das auf Konzepten beruht. Illusionen kann man bekanntlich nicht ausweichen. Es gilt zu erkennen, dass wir die Krise wie unseren Schatten nicht ausradieren können. Seine vermeintliche Bedrohung verschwindet aber, sobald der Schatten als Schatten erkannt und die Illusion als solche identifiziert worden ist.

Der Schlüssel der bewussten Entscheidung zwischen überpersönlicher Wahrnehmung (intuitives, reales, spontanes, bewusstes und direktes Sein) und persönlicher Wahrnehmung (unbewusstes, scheinbares, illusionäres, individuelles, verschleiertes, begrenztes und persönliches Dasein) ist eine Art Generalschlüssel. Über das persönliche Wahrnehmen gelangen wir zum Wahrmachen. Das von uns Wahrgenommene wird zur Wirklichkeit erklärt, weil wir es so interpretieren.

Der Generalschlüssel passt in sämtliche Schlösser, die für unsere innere Offenheit von Bedeutung sind, vor allem was jene fünf Türen unseres Bewusstseins anbelangt.

TRUGSCHLUSS X 5: WAS KRISEN AUSLÖST, MANIFESTIERT UND ALS REAL ERSCHEINEN LÄSST

Womit man in Resonanz geht, das wird zur Wirklichkeit. Was man interpretiert, das erscheint als wahr. Die Herausforderung besteht darin, die Täuschung durch das »Prinzip des Wahrmachens« zu erkennen und zu nutzen.

Schritt 1 in die Krise:

Woran Sie erkennen, dass Ihr Erleben nur eine individuelle Wahrnehmung ist

Jeder Gedanke ist Ausdruck einer Trennung, da jeder Gedanke etwas »Vielfältiges« aus der Einheit hervorhebt und somit eine Unterscheidung bewirkt. Ein Tisch zeigt sich in unserem Bewusstsein und ist dem Namen nach nun mal kein Stuhl. Ich bin nicht du, du bist nicht ich, Gehen ist nicht Rennen und gut ist nicht schlecht.

Jeder einzelne Begriff unserer Sprache, und sei er zunächst einmal nur gedacht, ist ein wörtlicher In-Begriff eines Trennungsgedankens. Er trennt die Gesamtheit aller Dinge und unterteilt sie, auch dann, wenn sich noch so viele Menschen einig sind, dass eine Holzplatte mit vier Beinen ein Tisch sein muss. Die Begriffe innerhalb einer Sprache beruhen zwar auf einer Übereinkunft vieler Menschen eines kulturellen Raums, bleiben aber doch immer noch Ausdruck von Unterscheidung, von Differenzierung.

Die Vielzahl an Wörtern einer Sprache versinnbildlicht, wie differenziert ein Volk oder eine kulturelle Gemeinschaft Unterscheidungen trifft. Je differenzierter wir mit Sprache umgehen, desto differenzierter ist auch unsere Gedankenwelt. Umso mehr kann davon ausgegangen werden, dass der Aspekt der Trennung das Potenzial hat, auf fruchtbaren Boden zu fallen, um Krisen heraufzubeschwören.

Das soll Sie jetzt nicht beunruhigen, sondern einfach nur aufzeigen, dass es noch nicht einmal einer Bewertung bedarf, um eine Krise zu entfachen. Es reicht, wenn Sie über etwas nachdenken, sich über etwas Gedanken machen und der Gedankenwelt Gehör schenken. Dies alles ist bereits Ausdruck eine Krise, auch wenn Sie sich das nicht vorstellen können.

Eine Krise ist nicht der Augenblick, in dem Ihr Haus niederbrennt oder Ihr Partner Sie verlässt. Sie entsteht bereits in einem Gedanken, der immer auf der Idee von Trennung beruht, da es in der Einheit keine Gedanken gibt. Wir leben in dieser Vielfalt, in diesem Getrenntsein, weil die Identifikation mit dem Ich gegeben ist. Krisen sind also energetisch in jedem Trennungsgedanken bereits latent vorhanden, weil sie dort entfacht und irgendwann auch sichtbar werden.

Das Verständnis der Gedankenwelt, die wir im Alltagsleben einfach als gegeben hinnehmen, mag im besten Fall auch das Verständnis für Krisen erhellen.

Um ein wenig Licht ins Dunkle der Gedankenwelt zu bringen, frage ich Sie: Haben Sie eben die differenzierte Beschreibung bemerkt, die darauf hinweist, dass wir mit Gedanken unterschiedlich umgehen können? Es war die Rede davon, sich Gedanken über etwas zu machen, der Gedankenwelt Gehör zu schenken und nachzudenken. Es gibt also verschiedene Formen, wie wir unseren Gedanken folgen. Manchmal hören wir sie kaum, sie bleiben unbeachtet. Meistens verstricken wir uns darin und nehmen Sie als dermaßen real wahr, dass wir uns mit ihnen absolut identifizieren. In der Häufigkeit, da wir dies tun, gibt es auch Momente, in denen wir Gedanken heraufbeschwören und sie so hartnäckig oder bösartig werden, dass sie uns emotional spürbaren Schaden zufügen. Wir reagieren dann mit Angst, Unbehagen, Unsicherheit oder Aggressivität, um nur einige von unzähligen möglichen Gefühlen zu nennen.

Die feinen Nuancen in unserem Verhalten zeigen bereits hier auf, wie stark wir uns *von der Gedankenwelt, von der Welt insgesamt* in Beschlag nehmen lassen und sie umgekehrt auch uns in Beschlag nimmt. Sind Sie eher der Typ, der den Gedanken lauscht, sie festhält, ziehen lässt, nährt oder aufbauscht?

Ich hatte vorhin erwähnt, dass Differenzierungen Krisen bewirken können. Und jetzt werden Sie just dazu eingeladen? Ist das nicht ein Widerspruch? Gerne weise ich Sie an dieser Stelle noch einmal darauf hin, dass alles in unserer Welt zweigleisig ist. Der Mensch glaubt, dass er sich zwischen diesen zwei Seiten entscheiden muss. Er ist entweder dafür oder dagegen, aber das »sowohl als auch« ist irgendwie verlorengegangen. *Natürlich* können wir etwas mögen und nicht mögen. Wir könnten aber auch davon absehen, überall Stellung zu beziehen, und könnten beide Sichtweisen für sich stehen lassen, ohne uns nur auf eine zu konzentrieren. Dies wäre eine wundervolle Art, mit Dingen umzugehen, die aber eher selten anzutreffen ist. Egal, ob wir uns für A oder B entscheiden, Fakt ist, dass wir bei beiden Meinungen im weltlichen Desaster steckenbleiben.

Ich lade Sie dazu ein, über diese Meinungen und Entscheidungen hinauszugeben und in einen neutralen Raum einzutauchen, aus dem heraus es keine Unterschiede mehr gibt. Sie werden zwar noch wahrgenommen, aber nicht mehr differenziert, weil das Einheitsbewusstsein keine Stellung bezieht.

Wir haben die Wahl, welche Position wir beziehen und welche Gedanken wir weiterspinnen oder ruhen lassen wollen. Natürlich ist es nicht so einfach, Gedanken ziehen zu lassen, da wir uns ja seit der Kindheit damit identifizieren. Nun, das ist aber kein Grund, dies auch weiterhin zu zelebrieren und daran festzuhalten. Lassen wir sie los und lassen wir sie sein. Üben wir uns darin, indem wir es immer wieder ein Stück weit schaffen, nicht auf lieblose und überflüssige Gedanken einzusteigen.

Es ist noch kein Meister vom Himmel gefallen. Je nachdem, wie wir mit Gedanken umgehen, werden sie uns in erster Linie entweder Frieden bringen oder ihn uns verwehren. Unsere Gedanken kreieren das, was wir als unsere Realität, unser Leben bezeichnen. Machen wir uns also bewusst, dass Gedanken für unsere Lebenssituation und Qualität nicht nur verantwortlich sind, sondern dass Gedanken uns etwas als wahr verkaufen wollen, das aber nur aus einer einzigen individuellen Ich-Perspektive so wahrgenommen werden kann: Die Dinge sind nie so, wie sie scheinen – niemals!

FAZIT: *Ein Trennungsgedanke bringt uns einerseits in eine missliche Lage, birgt aber gleichzeitig die Kraft in sich, uns wieder daraus zu befreien. Indem wir uns bewusst* *machen, wie dieses Gedankenspiel funktioniert, was es bewirkt und wo es seinen Ursprung hat, eröffnen sich uns tiefe Einsichten. Diese Einsichten dienen dazu, das Spiel umzukehren. Einerseits können wir durch Erkenntnisse Gedanken anders begegnen, sie im Augenblick eines angehenden Missstandes sofort aufdecken und als Farce durchschauen oder auch gezielt dazu nutzen, sie für unsere Selbstverwirklichung und Forschungsreise nach innen zu lenken. Der Verstand ist uns also nicht nur im Wege, sondern aus einer tieferen Sicht ein wertvolles Hilfsmittel, um unserer eigentlichen Identität auf den Grund zu gehen. Und das geschieht immer über das Ich. Ohne Ich gäbe es kein Erwachen.*

Unterscheidungen und Gedanken sind folglich nicht nur der Anlass für Krisen, sondern dienen auch dazu, diese zu überwinden. Um hier kein Missverständnis entstehen zu lassen: Die Überwindung einer Krise bedeutet nicht unweigerlich, dass sich die Umstände, die Vorgänge in Ihrem Leben, mit einem Mal verändern und alles zuvor Dunkle auf einmal hell und rosarot wird. Die Überwindung einer Krise bedeutet, dass Sie sich ihr stellen und sie anders, geistig wach und bewusst, als Täuschung erleben. Diese Haltung ist wichtig, denn sie wird mit den dazugehörigen Gefühlen und Gedanken über den weiteren Verlauf entscheiden. Es geht um ein anderes Erleben, nicht um ein anderes Leben!

Wer sich einer Krise entledigen will, kann sich auch wünschen, am nächsten Tag zwanzig Zentimeter größer zu sein. Wünschen Sie sich kein anderes Leben, sondern die Kraft, es anders zu erleben! Das Leben ist *kein* Wunschkonzert. Wer sich Krisen wegwünschen kann, dem wird es auch möglich sein, den Lottogewinn eines nächtlichen Traums in den Tag mitzunehmen. Das ist realistisch. Bleiben wir realistisch. Wenn wir gegen die Krise sind, weist dies wiederum nur darauf hin, dass wir immer noch von Ihrer Realität überzeugt sind, dass wir uns selbst als Handelnden erfahren. Das, was wir tun, geschieht durch unseren *Körper*, aber nicht aus unserer *Person* heraus.

Lassen Sie uns einmal danach Ausschau halten, welche Werkzeuge uns zur Verfügung stehen, um Gedanken aus einem gesunden Abstand und das Leben neu, offener und neutraler zu betrachten. Insbesondere *Bewusstheit* und *Wachheit* sind wunderbare Hilfsmittel, wenn es darum geht, eine Krise zu durchschauen. Die Dinge bewusst zu hinterfragen, zu differenzieren und dabei mit der Wachheit des Geistes zu durchschauen, ist der Schlüssel zur Rückkehr. Diese Art zu leben ermöglicht ein bewusstes Erleben des Alltags und nimmt Abschied von trauriger Dumpfheit. Sie eröffnet uns mühelos den Blick auf das, was ohnehin selbstverständlich ist.

Auf vielen Ebenen unseres Daseins haben wir bereits Selbstverständnis erlangt. So wissen wir auf körperlicher Ebene mittlerweile sehr genau, was dem menschlichen Organismus auf stofflicher Ebene gut tut und was nicht. Auch im Bereich der Naturwissenschaften erlangen wir immer mehr Kenntnisse über Stofflichkeit. **Was jedoch ist der Stoff, aus dem die Gedanken sind? Was ist überhaupt ein Gedanke?** Wissen Sie, woher Gedanken kommen, oder haben Sie sich zumindest schon mal die Frage gestellt?

Immerhin sind wir so reif, um zu erkennen, dass Gedanken Trennung erzeugen und Probleme in der Trennung angesiedelt sind und nur dort existieren können. Wenn sie in der Trennung existieren, bedeutet das, dass sie in der Vielheit real sind. In der Einheit – aus der heraus alles entsteht – ist nichts und doch ist sie die Fülle zugleich.

Betrachten wir einmal genauer, was ein Gedanke ist und wie wir mit unseren Gedanken umgehen können. Um das Ganze etwas anschaulicher zu gestalten, stellen Sie sich doch bitte einmal vor, dass Sie vor einem Puzzle sitzen. Das Puzzle zeigt Ihnen ein Bild. Bereits an diesem Punkt entscheidet sich etwas ganz Wesentliches: Schauen Sie das Bild einfach an, ohne dass ein Gedanke aufsteigt, oder lassen Sie der mentalen Dynamik freien Lauf? Gehen Sie zum Beispiel dazu über, die einzelnen Teile im Geist zu erfassen, die Farbgestaltung zu analysieren und das Motiv für schön oder hässlich zu befinden? Oder lassen Sie darüber hinaus auch noch Gedanken zu wie: Was hat sich der Gestalter dieses Puzzles bloß dabei gedacht? Binnen kürzester Zeit könnten Sie zu dem Ergebnis kommen, dass es schon eine sehr verwirrte Seele sein muss, die ein solches Bild entworfen hat, oder Sie könnten vor Bewunderung innerlich den Hut ziehen. Vielleicht aber entführt Sie das Puzzlebild auch auf direktem Weg in die Erinnerung eines Moments aus Ihrem Leben oder gar in eine komplette Lebensphase – und schon wären Sie in Gedanken ganz woanders.

Was passiert da? Wie kommt es, dass wir, statt das Bild einfach nur in seiner Gesamtheit zu betrachten, uns auf Details oder Hintergründe konzentrieren und Bezüge zu uns selbst herstellen? Die Antwort liegt scheinbar auf der Hand und könnte lauten: weil wir uns als etwas (vom Puzzle) Getrenntes sehen. Wenn dem so ist, lässt sich natürlich leicht nachvollziehen, dass wir alles, was wir wahrnehmen, in Teile zerlegen und gleichzeitig den Bezug zu uns aufrechterhalten. Gedanken heben etwas hervor und ermöglichen Konzentration. *Es scheint also, dass ein Gedanke eine Art gebündelte Energie ist, die etwas verdichtet. Was aber wird verdichtet?*

Ob verdichtet im Sinne von Sprache oder vertont im Sinne von Klang, beides, Wort und Klang, sind Ausdruck von Schwingungen, die verdichtet sind. Dass die Welt, in der wir scheinbar leben, aus Schwingungen besteht, ist wohl längst kein Geheimnis mehr. Bei Klängen leuchtet uns das ein, denn innerhalb der Musik und im Bereich der akustischen Sinneswahrnehmung sprechen wir allgemein von unterschiedlichen Frequenzen. Letztlich

spielen aber Frequenzen für jegliche Art der Wahrnehmung eine entscheidende Rolle. Dabei gilt, dass uns
etwas leichter und luftiger erscheint, je höher die Fre-
quenz ist. *Auch Gedanken kleiden sich in unterschiedliche Frequenzen. Die einen Gedanken lassen uns leicht
werden, andere beschweren uns.*

In unserem Sprachgebrauch kennen wir den Ausdruck
des Dichtmachens. Wir nehmen etwas wahr, und im
nächsten Moment kann es geschehen, dass wir blitzartig,
häufig unbewusst, zumachen, dichtmachen und damit in
Windeseile unsere Durchlässigkeit verlieren. Die Atmung
gerät ins Stocken, die Muskulatur spannt sich an und
auch andere Vorgänge im Körper geraten aus ihrem natürlichen Fluss. *Dies alles wird durch einen einzigen
Gedankengang hervorgerufen.*

Das glauben Sie nicht? Dann lassen Sie es uns auspro-
bieren. Denken Sie einfach einmal nur den Satz: »Oh nein,
ich habe vergessen, den Herd auszuschalten.« Schließen
Sie die Augen und wiederholen Sie den Satz im Geiste
mehrfach. Beobachten Sie, welche Reaktion sich in Ihrem
Organismus bemerkbar macht. Anzunehmen ist, dass eine
Reaktion erfolgt, selbst wenn dieser Gedanke nicht akut
zutreffend ist. Probieren Sie andere Gedanken aus, wie
»Mensch, ist das heute kalt«, »Geh mir nicht mehr auf
die Nerven« oder »Das verzeihe ich dir nie«. Wiederholen
Sie diese Sätze mehrfach, und wenn Sie keine offensicht-
liche Reaktion spüren, stellen Sie sich einfach vor, welche

Körperhaltung Sie in vergleichbaren Situationen Ihres Lebens eingenommen hatten. *Dieses Experiment zeigt die typische Reaktion eines menschlichen Organismus auf Kälte, Anspannung oder Wut.*

Wenn Sie nun einwenden, dass es nicht nur der eine Gedanke war, der ein Dichtmachen hervorgerufen hat, so ist dieser Einwand natürlich berechtigt. Meist verknüpft sich ein Gedanke mit dem nächsten, zum Beispiel mit der Erinnerung an eine bestimmte Erfahrung oder Befürchtung. Dennoch stand am Anfang dieser Gedankenreihe ein einziger Gedanke. Er hat alles ins Rollen gebracht. Man könnte das Ergebnis als Dominoeffekt bezeichnen. Schubst man einen Stein an, folgen alle anderen nach. Aber wesentlich ist: *Dieser eine Gedanke hat aus einer zunächst reinen Wahrnehmung etwas hervorgehoben, Ihre Konzentration darauf gerichtet, etwas verdichtet und es damit wahr gemacht.*

Es geht an dieser Stelle darum, unbewusste Vorgänge Schritt für Schritt unter die Lupe zu nehmen. Wenn Sie das in aller Genauigkeit tun, wird es letztlich ein anderes, ein ganz neues Bild auf die Betrachtung und den Umgang mit Krisen ermöglichen. Auf diese Weise können Sie sich an ein Ergebnis, eine Erkenntnis herantasten. Ganz klar: Wenn Sie gerne Erbsensuppe essen, Ihnen die einzelnen Erbsen oder Stöcke im Garten aber egal sind und Sie sie nicht pflegen, ernten und kochen, wird es keine Suppe geben.

Der Verstand meint immer gleich zu wissen, welche Information für ihn wichtig und was überflüssig ist. Doch wie will er von vornherein verstehen, wozu sie dient? Der Verstand scheint schlau zu sein, steht sich damit aber nur selbst im Weg und verhindert so, dass der Mensch zu einer *Erkenntnis* gelangt, weil er ihn zuvor schon vom Weg abbringt.

Auch das ist ein Phänomen, das uns in Krisen schlittern lässt, ohne dass wir es merken. Wenn wir nämlich nicht den direkten Weg gehen und immer neue Abzweigungen nehmen, Ausflüchte suchen oder vom Weg abweichen, erwartet uns nichts außer Sackgassen. Das sind zwar ebenfalls Erfahrungen, die durchaus kostbar sind, es geht aber auch anders.

Ich erinnere mich an früher. Las ich da Bücher, legte ich sie oft weg, weil mein Verstand etwas zu bemängeln hatte. Oder ich verstand etwas ganz anders, als es gemeint war, weil ich es nicht bis zum Schluss gelesen hatte. Als ich das später begriff, wurde mir bewusst, dass ich mir kostbare Impulse hatte entgehen lassen, weil ich mit dem Verstand statt mit dem Herzen las. Ich kann Ihnen daher aus eigener Erfahrung ans Herz legen: Lassen Sie ein Buch einfach auf sich wirken, ohne Interpretationen und Meinungen; das soll hier als Beispiel dienen, weil es uns gerade um die Hartnäckigkeit und Eigensinnigkeit des Denkens ging.

Zusammengefasst kann man sagen, dass ein Gedanke so etwas wie verdichtete Energie ist, eine Energie, welche

die ursprüngliche Wahrnehmung auf einen Punkt hin kon-
zentriert, ihn heraushebt, feststellt und damit wahrmacht.
Er erklärt ihn zu seiner Wirklichkeit.

Fakt ist, dass der Verstand je nach seinen Erfahrungen und Prägungen eine Sequenz von Milliarden einzelner Möglichkeiten herausgepickt hat und daraus eine Geschichte bastelt. Er baut auf einem Gedankengang auf, der niemals real ist, sondern immer nur eine individuell geprägte Sichtweise. Daher begegnen wir eigentlich immer nur unserer eigenen Täuschung und machen unsere Vorstellungen, Konzepte und Ideen zu einer Realität, die überhaupt keine ist. Lassen Sie uns deshalb das Phänomen der Krise durchdringen und es aus der »Buhmann«-Position entlassen. Die Krise will uns nichts Böses. Es sind lediglich unsere krisenveranlagten *Trennungsgedanken*, die etwas »Unangenehmes«, ja sogar »Bedrohliches« daraus machen, und für die besteht durchaus die Chance, entkräftet zu werden.

Fragen Sie sich noch, wie wir mit unseren Gedanken umgehen? Am Beispiel des Puzzlebildes wurde ja schon klar, welche Kapriolen Gedanken schlagen können. Dabei meinen wir doch eigentlich, dass Gedanken uns *widerfahren*. Wir glauben, dass wir ihnen, wenn überhaupt, nur in meditativer Versenkung widerstehen können. Ganz stimmt das aber nicht. Letztlich ist die Meditation ein probates Mittel zu erkennen, dass wir Gedanken, die in uns aufsteigen, nicht allzu viel Beachtung schenken müssen, worauf sie sich im besten Fall immer weniger verdichten und somit auch weniger Folgereaktionen auslösen. Was aber geschieht, wenn wir die meditative Praxis beenden und uns wieder im Alltagsgeschehen verlieren? Gelingt es da nach wie vor, Gedanken an uns vorbeiziehen oder gar verebben zu lassen? In den meisten Fällen wohl nicht. Es ist eher das Gegenteil der Fall.

Das, was wir in der Entspannung abzumildern versuchen, regen wir im Alltag an. Vor allem die bereits erwähnten Begrifflichkeiten »nachdenken« oder »sich Gedanken machen« zeigen uns sehr deutlich, dass in bestimmten Situationen die Gedankenwelt von uns förmlich angeheizt wird. Wenn uns etwas missfallen hat, denken wir darüber nach und beleben damit immer wieder die Vergangenheit, *machen sie wahr*. In Form von Zweifeln beziehungsweise Verzweiflung verdichtet sich das Gedankennetz in Windeseile. Schon ist man mitten drin in einem Unwohlsein, das durch einen einzigen Gedanken ausgelöst wurde. Und diesen haben wir in der Regel ja nicht mit Absicht gedacht.

Sie gehen im Wald spazieren und sehen plötzlich einen Hund. Der Gedanke, hoffentlich beißt er mich nicht, steigt plötzlich auf. Sie hatten, bevor sie den Hund gesehen haben, nicht gewusst, dass dieser Gedanke gleich kommen würde. Sie konnten diesen Gedanken nicht steuern, das Danach hingegen kann auf alle Fälle beeinflusst werden.

Auch wenn wir uns immer wieder in alten Mustern, Gewohnheiten und Programmen verlieren, heißt das nicht, dass wir ein Muster, eine Art zu denken, nicht ändern oder gar stoppen können. Dieses *Stopp!* müssen wir uns aber selbst sagen, und zwar sobald der auftauchende Gedanke gedacht ist. Achtsamkeit, Bewusstheit und eine gewisse Form der Disziplin sind hier nicht nur von Vorteil, sondern unumgänglich.

Ich möchte noch einmal betonen, wirklich mit Nachdruck darauf hinweisen, dass Sie in der Lage sind, Einfluss auf Gedankenmuster zu nehmen.

Ebenso wie beim Umgang mit Lebensmitteln, mit Sprache, mit Wissen, mit Fähigkeiten können wir auch unseren Gedanken entweder unbewusst oder bewusst gegenübertreten und eine Wahl treffen. Gerade die Differenzierung verschiedener gedanklicher Vorgänge macht deutlich, dass wir unterschiedlich mit ihnen umgehen können.

Sicher kennen Sie diese Momente, in denen Sie sich klar dagegen entschieden haben, weiter über eine Sache nachzudenken. Richtig? Und auch wenn Sie dann von bestimmten Gedankengängen vermeintlich wieder eingeholt wurden, so zeigen diese Momente doch auf, dass wir sehr wohl imstande sind, im Hinblick auf den Umgang mit Gedanken eine bewusste Wahl zu treffen.

Da Gedanken und Krisen ganz offenbar eng miteinander zusammenhängen, erlangen Sie auf diese Weise nicht nur Bewusstheit über Gedankenkräfte, sondern auch über die Kräfte, die einer Krise zugrunde liegen. In beiden Fällen obliegt es Ihrer Entscheidung, ob Sie diesen Bewegungen in Ihrem Bewusstsein Glauben schenken, sie zur Klärung einer Situation heranziehen oder ihnen einfach nur Gehör schenken. Glauben schenken oder nur Gehör. Im Fall des absoluten Glaubens machen Sie Gedanken zu Ihren Gedanken. Sie machen sie *für sich wahr* – was bei Weitem nicht für andere Menschen gilt – und gehen mehr oder weniger davon aus, dass man gar nicht anders denken kann!

Jeder Mensch wiegt sich im Recht. Und auf eine gewisse Art und Weise hat jeder sogar Recht, aber nur aus seiner individuellen Sicht, die eine einzelne Wahrnehmung von Milliarden Wahrnehmungen ist. Auch hier entstehen Widersprüche. Heute ist es kalt. Heute ist es warm. Beide Aussagen scheinen komplett unterschiedlich zu sein, und dennoch kann es für zwei Menschen jeweils die Wahrheit sein. Aus der geistigen Sicht ist es weder warm noch kalt. Es *ist* einfach. Und wie? Es muss nicht *irgendwie* sein. Es ist, wie es *ist*.

Wenn Sie Gedanken als konzentrierte Kräfte durchschauen, schenken Sie Ihnen einfach nur Gehör. Das ist durchaus möglich. Sie gehen der Konzentration, die da offenbar stattgefunden hat, auf den Grund und entlassen die Gedanken zu gegebener Zeit wieder. Dann vibrieren Gedanken aus und fließen in die Gesamtheit aller gedachten Möglichkeiten zurück.

Wenn wir in Bewegung sind, tauchen generell weniger Gedanken auf. Ist Ihnen vielleicht schon einmal aufgefallen, dass Sie bei einem Spaziergang nach vielleicht anfänglich wirrem Gedankengut plötzlich leer werden? Gehen macht frei. In ein Hobby vertieft zu sein, sei es das Malen oder etwas anderes Kreatives, bewirkt dasselbe. Wo wir *mit Hingabe sind*, sind Gedanken eigenartigerweise kaum anzutreffen. Die Natur macht uns leer, weil sie unsere innere Leere reflektiert und wir in ihr unserer eigentlichen Natur, der Stille, begegnen.

Wie die Dunkelheit dem Licht weichen muss, wird sich auch in der Bewegung die Bewegung selbst als ursprüngliche Energie durchsetzen. Bewegung ist nun einmal die Ur-Energie unseres Lebens.

In den Alltag übersetzt wird damit nachvollziehbar, dass ein Mensch, wenn er sich nicht mit gedanklichen Kräften auseinandersetzen möchte, mitunter die sportliche Betätigung wählt, weil sie seine Konzentration eher in körperliche Dynamik münden lässt, so dass es zu einem Spannungsabbau kommt, der zuvor an anderer Stelle aufgebaut wurde.

Sie merken, sich mit der Welt der Gedanken zu beschäftigen lässt einen vom Hundertsten ins Tausendste kommen. Das herauszufinden ist jedoch ein wahrhaftiger Segen, denn es zeigt, dass auch die Gedankenwelt Sie in Bewegung bringen kann. Anders als beim Sport zwar eher innerlich. Aber genau diese innere Bewegtheit ist es, was

Sie davor bewahrt, die Verdichtung, ausgelöst durch einen oder mehrere Gedanken, wahrzumachen.

Es könnte sein, dass Sie das hier Geschriebene *ver-stehen* möchten. Etwas zu verstehen, stoppt die Bewegung.

Empfinden Sie nur das, was in Ihnen hochkommt, und sehen Sie es als Geschenk, dass etwas an die Oberfläche drängt. Alles, was hochkommt, kann sich lösen, und meist sind es ungute Gefühle, die nach oben drängen. Nicht um Sie zu ärgern, sondern um abzufließen, und das können sie nur, wenn wir sie nicht unterdrücken.

Wir brauchen sie auch nicht zu benennen, abzulehnen oder zu analysieren. Lassen wir sie sein. Lassen wir Gedanken und Gefühle einfach da sein. Kümmern wir uns nicht darum, sie gehen auch ganz von selbst wieder. So entsteht ein Raum, die Energie und Kraft der Wörter wirklich wahrzunehmen, *ohne sie wahrzumachen*. Sie einfach aufzunehmen, intuitiv und direkt, ohne etwas bezwecken zu wollen. Es ist ein Geschenk, die Dinge ihrer eigenen Dynamik zu überlassen, ohne sie festhalten oder verstehen zu wollen.

Schritt 2 in die Krise:

Woran Sie bemerken, dass Sie sich in Ihrer Gedankenwelt verlieren

Kommen wir zu der Überlegung, welche Dynamik hinter jenen Gedanken zu finden ist, die etwas feststellen. Letztlich ist ja bereits jedes In-Resonanz-Gehen, Bezug-Nehmen, jede Definition, Feststellung und jede Begriffsbestimmung eine Verdichtung von Energie. Anders ausgedrückt ist all dies ein guter Nährboden für Krisen, auf dem weitere Gedanken wuchern. So wird sich die zunächst unsichtbare Verdichtung als Krisengrundstock manifestieren und zu erlebbaren Krisen ausbauen.

Je mehr Gedanken um etwas kreisen, umso mehr verdichtet sich das Feld, das zu einer Problematik wird. So könnte man Probleme auch als Luftschlösser bezeichnen, weil ihr Fundament nicht fest, sondern auf einem unsichtbaren Gedankennetz aufgebaut ist.

Es klingt vielleicht etwas kompliziert, und doch legt diese ungewohnte Art der Betrachtung eine Einsicht frei, die wir nicht so einfach von uns weisen können. Dieses tiefe Betrachten mag für den Verstand verwirrend sein, sind das aber die unsagbar vielen Gedanken nicht auch, wenn sie in unserem Kopf kreisen, uns nicht zur Ruhe kommen, nicht einschlafen und kaum durchatmen lassen, wenn uns etwas beschäftigt und es uns nicht gut geht?

Betrachten wir also gemeinsam jenen Schritt, der aus einem Gedanken eine Feststellung macht und Kräfte bindet. Gebundene Kräfte haben es ja leider so an sich, dass sie uns eher das Erleben von Schwere vermitteln anstatt von Leichtigkeit. Erst recht dann, wenn wir mit felsenfester Überzeugung davon ausgehen, dass etwas absolut gut für uns ist, dass wir Recht haben oder dass unsere Sicht die einzig richtige ist.

Etwas für gut zu befinden oder es irgendwie anderweitig einzustufen, darum geht es im zweiten Schritt der Krisenentfaltung. Es geht um unsere Feststellungen (Urteile, Wertungen, Meinungen etc.) und ihre Auswirkungen auf unser Bewusstsein. Es geht darum, dass der Glaube an einen bestimmten Gedanken zur absoluten Wahrheit werden kann, allein dadurch, dass wir von ihm überzeugt sind.

Das ist der Moment, in dem wir ein Haus sehen und denken, dass der Anstrich hässlich ist, weil uns die Farbe nicht gefällt. So erklären wir diese individuelle Meinung unbewusst zur Realität und bilden uns ein, damit Recht zu haben, wenn wir sagen, dass die Farbe unmöglich ist. Durch den Glauben an ein Wertesystem belegen wir das, was zunächst nur ein Begriff war, mit einem Adjektiv. Adjektiv heißt wörtlich übersetzt, dass etwas hinzugefügt wird. Ein Baum ist nicht mehr nur einfach ein Baum, sondern er ist ein großer, mächtiger, kraftvoller Baum. Wir geben dem, was wir wahrnehmen und denken, also ein Charakteristikum, so dass Subjekte wie Objekte fortan mit *Werten* belegt sind. Alles, was wir irgendwann einmal in irgendeiner Form beurteilt haben, ist dann belegt, also *besetzt*.

Unsere Sprache drückt klar aus, dass hier offenbar etwas im Gange ist, sich zu verdichten. Auch wenn es sich nicht gleich so anfühlt, ist eindeutig etwas im Begriff, *schwer* zu werden. Wir haben etwas festgestellt. *Fest-stellen* – das heißt, etwas wird verfestigt und hat keinen Raum zur eigenen Entfaltung mehr, weil wir es definiert haben.

Das wird in unserem Gehirn abgespeichert und uns immer wieder in Erinnerung gerufen. Das Festgestellte. Wenn wir etwas so sehen, *wie* wir es sehen, sind wir in der Regel davon überzeugt, dass es genauso *ist*. Auch wenn es niemals so sein kann, halten wir daran fest. Besetztes, Belegtes und Festgestelltes gibt uns Halt, doch dieser Halt ist ein Zu-Stand, der Krisen heraufbeschwört. Es *muss* dann geradezu etwas geschehen, das uns aus dieser Begrenztheit wieder hinausführt und uns zeigt, dass wir hier einem Irrtum unterliegen.

Genau dazu sind Krisen da. Nicht um uns zu ärgern, sondern *um uns eines Besseren zu belehren.* Der Inhalt der Krise, also das Problem selbst, das uns so sehr beschäftigt, wird hier eigentlich zur Nebensache, weil es nie um ein Thema, sondern immer um grundsätzliche *Belehrungen* geht, die uns das Leben fortwährend schenkt.

Bewertungen leben vom Prinzip der Polarität, von der Aufspaltung in zwei Pole. Auf diese Weise wird also etwas, das von der Einheit als getrennt wahrgenommen wurde, auch noch in sich selbst unterschieden und mit einem Trennungsgedanken versehen.

Die zweite Aufspaltung hat begonnen. Aus einer Gewohnheit heraus betrachten wir fortan Subjekte wie Objekte dahingehend, ob sie zum Beispiel groß oder klein, gut oder schlecht, arm oder reich, brauchbar oder unbrauchbar sind. Übrigens können wir das schon im Wörtchen »oder« sehen, das zwischen *dies und das* steht und einem *sowohl als auch* gar keinen Lebensraum gibt.

Wenn wir einen Gegenstand benennen, schließt das bereits alle anderen Bedeutungen aus. Ein Baum ist dann ein Baum, nichts anderes. Schon dort beginnt ein Ausschlussverfahren, das anhand von Bewertungen nun immer weiter fortgesetzt wird.

Es ist nicht schlimm, einen Baum als Baum zu bezeichnen. Aber fragen wir uns einmal, wie wichtig es ist, den Dingen darüber hinaus Eigenschaften zu geben. Warum müssen wir alles benennen, kritisieren und einordnen? Das tut doch jeder, kann man hier sagen. Ja, das kann man. An *Feststellungen* allerdings *festzuhalten*, bewirkt eben, dass es kaum Menschen gibt, die frei von Problemen und glücklich sind. Dennoch gibt es sie. Und sie zeichnen sich nicht dadurch aus, dass sie keine Probleme haben, sondern dass sie sich einfach nicht an Bewertungen festbeißen, sie nicht als absolut ansehen und sie damit auch partout *nicht* einordnen, analysieren, lösen oder interpretieren wollen.

Es kann wahrscheinlich nicht häufig genug gesagt werden, dass es nicht darum geht, den Vorgang von *Trennung* im Allgemeinen und hier im Besonderen *von Feststellungen* zu verurteilen. Die Botschaft dieser Erläuterungen ist, dass wir vor allem ein Verständnis für Vorgänge entwickeln sollten, die für uns selbstverständlich geworden sind und die wir noch nicht einmal bewusst wahrnehmen.

Es wiederholt sich ständig, doch wir merken es nicht. Wir wissen zwar, *dass* wir denken, aber nicht, dass sich aus diesen Gedanken heraus Krisen entwickeln. Wir können zwar das Ergebnis all dieser unsichtbaren Vorgänge wahrnehmen – wenn das Problem bereits als Problem gesehen wird –, nicht aber den Vorgang selbst, den Vorgang der Verdichtung von Energie, der allem vorausgeht. Dabei gibt es durchaus deutliche Anzeichen, aus denen Rückschlüsse über den Vorgang der Verdichtung gezogen werden können. Dies sind besonders körperliche Reaktionen.

Sie erinnern sich vielleicht noch an das Experiment vom Anfang, als Sie dazu eingeladen wurden, sich im Geiste ein paar Sätze vorzusagen? Bei einem dieser Sätze ging es darum, sich Kälte vorzustellen. Bei Kälte zieht sich der Körper zusammen, auch bei dem Gedanken an etwas, das kalt ist. Das Gleiche passiert bei allen anderen erlebten oder vorgestellten Sinnesreizen. Üble Gerüche lassen uns die Nase rümpfen. Unangenehme Geschmäcker quittiert unser Körper damit, indem sich der Mund, mitunter das ganze Gesicht verzieht. Oder es zieht sich sogar die gesamte Schleimhaut zusammen und bewirkt, dass das, was wir zu uns genommen hatten, wieder ausgespuckt wird. Auf unsanfte Berührungen reagiert unser Körper eher verhalten bis hin dazu, dass er, wie wir sagen, regelrecht dicht macht. Dies kann auch geschehen, wenn wir bestimmte

Klänge und Geräusche hören oder wenn wir die Stimme eines Menschen als schrill empfinden.

Gerade der Begriff des *Dichtmachens* ist sehr anschaulich. Er schenkt uns eine bildliche Vorstellung davon, dass die Verdichtung von Energie ein alltäglich stattfindendes Ereignis ist. Oder können Sie sich an nur einen Tag erinnern, an dem Sie *nicht* irgendetwas als störend oder unangenehm empfunden haben? Hoffentlich schon, und doch wird dabei erstaunlicherweise klar, dass diese Tage wohl eher dünn gesät sind.

Wenn der Vorgang des Dichtmachens innerhalb eines menschlichen Organismus über einen langen Zeitraum hinweg wiederholt praktiziert wird, ist es wenig verwunderlich, dass die meisten Menschen im Laufe ihres Lebens immer unbeweglicher werden. Wir kennen den Begriff des *Verknöcherns* und sind uns wohl einig, dass damit nicht nur ein körperlicher Prozess gemeint ist, sondern auch ein mentaler. Dass aber das, was auf körperlicher Ebene offenbar wird, mental seinen Anfang nimmt, ist uns in den meisten Fällen nicht bewusst, oder wir möchten es nicht wahr haben. Dabei machen wir es unter anderem dadurch wahr, indem wir uns in unserem Leben in hohem Maß an Feststellungen orientieren.

Im Fall der körperlichen Reaktionen infolge sinnlicher Eindrücke könnte man ja noch auf den Gedanken kommen, dass dem Vorgang der Verdichtung ohnehin nichts entgegengesetzt werden kann. Immerhin ist es unumgänglich, dass die Haut sich bei Kälte zusammenzieht und bei unangenehmen Reizen der Körper insgesamt dicht macht, sich verspannt. So denken wir und vergessen dabei, dass dem immer auch ein mentaler Impuls vorangeht, der einen Reiz-Reaktions-Mechanismus auslöst. Denken Sie zum Beispiel an das »Huch, ist das kalt!«, wenn Sie im Winter vor die Tür gehen.

Wahrscheinlich sind viele solcher Mechanismen genetisch vererbt, wodurch umso deutlicher wird, wie tief diese Vorgänge in uns verankert sind. Dabei gibt es aber immer wieder Menschen, die diesen Mechanismen trotzen. Erinnert sei nur an Fakire, die scheinbar mühelos körperliche Reaktionen außer Kraft setzen können. Oder denken Sie an das Ritual des Über-heiße-Kohlen-Laufens oder, etwas alltagsnäher, an die Hypnose vor einer zahnärztlichen Behandlung. Gerade dort auf dem Zahnarztstuhl wird immer häufiger alles Mögliche unternommen, um das Bewusstsein eines Patienten vom Schmerzerlebnis abzulenken. Das, was womöglich bis dahin eben immer wieder wahrgemacht wurde, soll nun verhindert werden: die Feststellung, dass ein Zahnarztbesuch schmerzhaft ist.

Abgesehen davon greifen wir aber auch im täglichen Leben zu der einen oder anderen Selbsthypnose. Letztlich geschieht dies immer dann, wenn wir uns gut zureden, in einer bestimmten Situation die Ruhe zu bewahren. Wenn wir an kalten Tagen beispielsweise warme Gedanken in uns schüren, oder wenn wir uns vor einer Prüfung Mut zusprechen. Und auch wenn all das nicht immer eine ausreichend große Hilfe ist, so können wir doch erkennen: *Jegliche körperliche Reaktion beruht auf einem mentalen Vorgang, durch den Sie entweder Verdichtung verstärken oder relativieren können.*

Körperliche Reaktionen entweder des Dichtmachens oder im Gegensatz dazu des Weitmachens, des sich Ausdehnens, finden aber nicht nur in Folge von Wahrnehmungen über die einzelnen Sinne statt. Nein, wir greifen auch dann zu Feststellungen, wenn wir uns ein Urteil bilden. Indem wir etwas bewerten, verurteilen oder sogar vorverurteilen, befinden wir, dass etwas beispielsweise brauchbar oder nutzlos, erwünscht oder unerwünscht, besser oder schlechter ist. All diese Feststellungen können sich auf Gegenstände, Situationen, auf andere Menschen oder auf einen selbst beziehen und bewirken, dass in jedem Fall etwas auf besondere Art und Weise *wahrgemacht* wird. Ein Mensch ist dann etwa nicht nur ein Mensch, sondern darüber hinaus ein Freund, *mein* Freund, mein *bester* Freund, mein bester und stets *treuer* Freund. Nun, wenn das nicht diesen Menschen vor lauter Feststellungen spontan erstarren lässt.

An diesem Beispiel wird vielleicht bereits deutlich, dass es tatsächlich weniger entscheidend ist, ob etwas oder jemand positiv oder negativ belegt wird. Viel entscheidender ist, mit welcher – sagen wir einmal – Inbrunst diese Feststellungen ausfallen. Mag ja sein, dass sich keine imaginären Gewichte auf Ihre Schultern legen, wenn Sie von Ihrer Bekannten aus Schulzeiten hören, dass Sie Ihre beste und treueste Freundin sind. Vielleicht entspannt sich in Ihnen sogar etwas, und Sie fühlen sich erleichtert statt beschwert. Nur, wie lange? Was geschieht, wenn Ihnen in den Sinn kommt, dass diese Feststellung an eine Bedingung geknüpft sein könnte? Und wie geht es Ihnen, wenn Sie dann auch noch anfangen, sich an diese Bedingung halten zu wollen? Jetzt müssen sie alles tun, um diesem »Freundesbild« gerecht zu werden. O je.

Wir neigen viel schneller dazu, Feststellungen nachzugeben als sie einfach abzuschütteln. Sie haben mit uns nichts zu tun. Wenn wir uns darauf beziehen und sie übernehmen, dann tun wir ja etwas mit ihnen. Durchschauen wir also, dass wir die Wahl haben, das Bild, das andere von uns haben, *nicht* zu übernehmen und uns auch erst gar kein Bild von anderen zu machen. Dann entlasten wir uns und entlassen den anderen in einen Freiraum, aus dem heraus er einfach so sein darf, wie er ist, und dann wird er niemals richtig oder falsch sein.

Eine Bewertung an sich ist nicht ausschlaggebend. Vielmehr ist die Tatsache entscheidend, dass überhaupt bewertet wird. Was passiert da genau? Nehmen wir einmal an, Sie haben einen Menschen in Ihrem Umfeld zu Ihrem Vertrauten gemacht. Nun, wie ist Ihnen das gelungen?

Lassen Sie uns einen kleinen Umweg gehen. Was zunächst einmal den Begriff des Vertrauten angeht, so beinhaltet er das Wort Traute. Das ist ein eher althergebrachtes Wort und bedeutet ins Neuzeitliche übersetzt *Mut*. An diese Bedeutung angelehnt könnte also das Bild entstehen, dass Sie irgendwann einmal den Mut hatten, ja sich getraut haben, einem anderen Menschen Ihr Vertrauen zu schenken. Das, was Ihnen innewohnt, Vertrauen, haben Sie mit einem anderen Menschen geteilt.

Zu Beginn Ihres Lebens haben Sie dies einfach geschehen lassen, haben sich keine Gedanken darüber gemacht. Immerhin waren Sie darauf angewiesen, dass Sie den Menschen in Ihrem Umfeld trauen können. Sie hatten gar keine andere Wahl. Das hat sich im Laufe der Jahre allerdings geändert. Nach etlichen Enttäuschungen haben Sie selbst bestimmt, wem Sie vertrauen und wem nicht. Allen Menschen vertrauen? Nein, das geht nicht! Traurig genug, dass es so ist. Aber wenn wir uns verletzt oder hintergangen fühlten, waren ja immer die anderen schuld. Deshalb am besten nicht mehr *allen* vertrauen, sondern nur noch ein paar Auserwählten. Aber auf welcher Basis treffen Sie diese Entscheidung?

Vielleicht werden Sie sagen, dass Sie da ganz nach Ihrem Bauchgefühl gehen. Doch stimmt das wirklich, vor allem, stimmt das ausschließlich? Oder ist es zum großen Teil nicht auch so, dass Sie eine Vorstellung von Vertrauenswürdigkeit verinnerlicht haben, die Ihnen zur Orientierung wurde? Wie aber kamen Sie zu dieser Vorstellung? Durch Ihre Lebenserfahrung? Durch Erfahrungen mit sich selbst oder mit anderen Menschen?

Im Grunde genommen ist es an dieser Stelle nicht wichtig zu unterscheiden, *wie* die Erfahrung zustande gekommen ist. Was sich in der Vergangenheit als gut oder vertrauenswürdig erwiesen hat, ist schon mal eine gute Basis, sagt der Kopf. »Der hat mir bis jetzt immer geholfen, also wende ich mich an ihn.« »Dem borge ich Geld, weil er einmal ein Erbe antreten wird.« »Mit ihr treffe ich mich gerne, weil unsere Väter Freunde waren.« Vertrauen ist also meist an etwas geknüpft, das uns nicht immer bewusst sein muss.

Anhand unserer Erfahrungen werden Werte abgeleitet, und es entsteht eine Feststellung. Diese entscheidet dann über Vertrauenswürdigkeit oder Misstrauen. Das gibt uns Halt und Sicherheit. Doch Sicherheit beruht auf unserer Vorstellung, auf Gedanken, wie etwas zu sein hat oder auch nicht, und dies wiederum sind nur vage Vermutungen.

Auch wenn der, dem wir Geld geborgt haben, eine Erbschaft antreten wird, heißt das noch lange nicht, dass er uns das Geld auch zurückgeben wird. Unsere Annahmen und Gedanken über etwas treffen Entscheidungen, die eigentlich wieder nur Luftschlösser sind. Dies zeigt, dass das Leben ein reines Gedankenspiel ist. Es lässt uns glauben und macht uns wahr, wie Dinge scheinbar sind – oder auch nicht. Alles ist nur heiße Luft. Alles ist in sich leer und eigenschaftslos, und zwar so lange, bis wir es bewerten, vergleichen, erinnern und benennen. Wenn wir uns dessen bewusst sind, können wir uns auch der Tragweite unserer Gedanken und Vorstellungen bewusst werden, die nur dann harmlos sind, wenn wir die daraus entstehenden Probleme und Krisen als harmlos betrachten können.

Überprüfen wir also stets aufs Neue, ob wir Dinge weiterhin so sehen wollen, wie sie eigentlich nie gewesen sind. Nur weil wir sie einmal so eingeordnet haben, müssen wir das nicht ein Leben lang tun.

Was für vergangene Erfahrungen gültig war, ließen wir bisher als festen Bestand in die Gegenwart und als Hoffnung in die Zukunft einfließen. Mit dieser inneren Haltung bewegen wir uns durch die Welt und stellen Vergleiche an.

In Windeseile meinen wir bei bestimmten Menschen unsere Werte wiederzuerkennen und freuen uns, wenn die Begegnung das erfüllt, was sie vorgab zu versprechen: die Erfüllung unserer Vorstellung von möglichst vielen vertrauenswürdigen Menschen in unserer Nähe. Verschwiegen sollen sie sein, verlässlich, ehrlich, freundlich, vielleicht sogar gerade nicht allzu freundlich. Nach welchen Attributen wir auch immer Ausschau halten, wir geben uns in jedem Fall aufrichtig Mühe herauszufinden, ob wir jemanden zu unserem Vertrauten machen können oder nicht.

Dabei sind wir meist schon die ganze Zeit dabei. Wir tun nichts anderes, als uns die Menschen vertraut zu machen, indem wir über sie nachdenken, sie einschätzen und mit Eigenschaften, Vorzügen und Nachteilen belegen. Selbst wenn wir am Ende einen Menschen nicht in den inneren Kreis unseres Umfeldes lassen, haben wir ihn uns doch vertraut gemacht.

Jetzt frage ich Sie: Haben wir das wirklich, oder haben wir uns nur mit dem vertraut gemacht, was als Vorstellung von Vertrauenswürdigkeit in unserem Bewusstsein existiert?

Bei all diesen Gedankengängen könnte in Vergessenheit geraten sein, dass wir der Frage nachgehen, wie eine Feststellung einen Gedanken wahrmacht.

Übertragen auf das Beispiel einer Freundschaft ist der wahrgemachte Gedanke just ein Mensch aus unserem Umfeld. Er ist es, der sich in unserem Bewusstsein aus der Einheit herausgeschält hat, indem wir ihn besonders bedacht haben. Diesen Vorgang bestätigen, vielmehr bekräftigen wir nun noch damit, dass wir aus dem Menschen in unserem Umfeld einen uns vertrauten Menschen machen. Dem war vorausgegangen, dass wir ihn mit einer ganzen Reihe von Charakteristika belegt haben. Je mehr desto besser, denn je mehr desto *festgestellter* und damit umso wahrer, könnte man mit einem Augenzwinkern meinen. Kurzum: Durch diesen zweiten Schritt in die Krise haben wir einen Menschen gemäß unserer Vorstellung zu einem Freund gemacht.

Diese Zusammenfassung hat nun den roten Faden wieder aufgegriffen. Sie hat mitunter auch erkennen lassen, dass dieses Prozedere für jeden Bewertungs-Gedanken zutrifft. Egal, was ich bewerte, ich mache damit einen zunächst eher neutralen Gedanken zu *meinem* Gedanken. Ich stelle ihn gemäß meiner Vorstellungen *fest*, die aus meiner Vergangenheit abgeleitet ist. So weit so gut. Bei all dem jedoch ist eine Frage immer noch nicht beantwortet: Warum das Ganze?

Nun, denkbar ist, dass wir jemanden oder etwas mittels Feststellungen wahrmachen, weil wir uns *selbst* wahrmachen wollen. Das heißt, das Ego bezieht sich auf etwas, um seine Existenz zu untermauern. Das Ego könnte ohne Feststellungen und Bewertungen seine Führungsposition verlieren, was es keinesfalls will, da es sein Wesen ist, den Menschen zu lenken.

Wenn also aus der Einheit etwas hervorgehoben wird, steht dieses Etwas immer in Bezug zum Betrachter, und erst indem wir dieses Etwas wahrnehmen, werden wir zu etwas. Nur wenn ein Objekt, also das Wahrgenommene existiert, existiert auch das Subjekt, also der Wahrnehmende. Das Gleiche gilt für den Vorgang des Wahrmachens. Die Kraft, die hinter allen Trennungsgedanken steht, diese antreibt und wahrmacht, ist das Ego.

Ohne Ego würde es die Welt nicht geben. Wer sollte die Welt erleben, wenn nicht die Person? Wenn niemand da ist, der die Welt erlebt, kann die Welt keine Existenz haben.

Im zweiten Schritt der Krise verleiht unser Ego also nicht nur seiner im ersten Schritt vollzogenen Geburt als Subjekt Nachdruck, es macht nun auch noch das Phänomen *Zeit* wahr. Sobald etwas festgestellt ist, betreten wir die Zeitschiene. Wir leben zwar darin, doch wenn wir uns nicht darüber definieren, können wir auch *zeitlos* in der Zeit leben.

Wie wir gesehen haben, leben Bewertungen von Erfahrungen. Werden diese mittels Feststellungen wahrgemacht, so geschieht dies auch mit dem Phänomen Zeit und ihrer Achse zwischen Vergangenheit, Gegenwart und Zukunft. Das Ego sichert sich damit also doppelt ab – in Raum und Zeit. Ähnliches machen *Sie* auch, wenn Sie zum Beispiel ein Fotoalbum anlegen, um sich gewissermaßen selbst zu belegen. Genau das ist das Prinzip des Egos.

Vielleicht ist beim Lesen des letzten Absatzes ein gewisser Widerstand hochgekommen. Viele Menschen legen mit Vorliebe Fotoalben an. Es ist eine Art bildliche Veranschaulichung des Ego-Prinzips. Dagegen ist auch nichts einzuwenden. Es geht nicht um das Album. Es geht um etwas viel Konkreteres. Sollten Sie sich unangenehm, also betroffen gefühlt haben, schauen wir uns doch kurz einmal an, woher der Widerstand eigentlich kommt. Natürlich direkt aus dem Ego. Woher sonst? Irgendetwas leistet hier Widerstand. Das Ego ist gerade dabei, erkannt zu werden. Und genau das mag es nicht. Es möchte unerkannt bleiben, in den Tiefen Ihres Unbewussten sein Unwesen treiben und sich damit immer weiter *wahrmachen*. Niemals würde es zugeben, dass Sie *nicht* dieses Individuum sind, das vielmehr das Ego selbst ist. Niemals würde es *zulassen*, dass Sie sich als Einheit erleben und *es* selbst als illusorischer Teil der Einheit abgetan wird.

Das Ego ist erpicht darauf, dass jeder Gedanke Trennung bewirkt und die Illusion aufrechterhält. Es möchte, dass Sie in der Abspaltung leben, und natürlich möchte es auch, dass jeder einzelne Trennungs-Gedanke als absolut *wahr* erscheint. *Wahrgemacht* ist aber nicht gleich wahr!

Schritt 3 in die Krise:

Wie Sie entdecken, dass Sie Ihren Emotionen anhaften

Die Überschrift des Kapitels macht deutlich, um was es im dritten Schritt der Trennung geht. Zusätzlich könnte das folgende Bild Sie dabei unterstützen, Verdichtungsprozesse innerhalb einer Krise noch ein wenig klarer zu erfassen: Stellen Sie sich einfach ein Dominospiel vor. Ich hatte es vorhin schon kurz erwähnt. Ein Steinchen stößt das nächste an. Gemäß diesem Vorgang, und übertragen auf das Bild der Schlösser 1 bis 5 in diesem Buch, geht eine Tür nach der anderen zu, wodurch sich durch jede verschlossene Tür der ursprüngliche Trennungsgedanke stets mehr verdichtet und damit wahrgemacht wird.

Das bedeutet, man ist von der Situation und seiner Sicht überzeugt und lebt in dem Irrtum, die Dinge wahrzunehmen, wie sie eigentlich gar nicht sind. Unsere Überzeugung entspringt ja der individuellen Sicht, die mit den Dingen selbst nichts zu tun hat. Wir haben ihnen etwas angedichtet und ihnen Eigenschaften zugewiesen. Man glaubt an seine eigene Wahrheit und Sicht der Dinge, und diese Sicht *verhindert* die Befreiung aus der hartnäckigen Ego-Struktur.

Während durch die erste Tür im Schloss die Geburt des Subjektes und des Objektes wahrgemacht wurde, kam es durch die zweite zugefallene Tür zur weiteren Ausdifferenzierung von Dualität. Fortan gab es nicht nur Ich und Du, Schwarz oder Weiß, sondern auch zahlreiche Zwischentöne, die durch Bewertungen festgestellt wurden. Das Zugehen der dritten Tür nun stellt einen weiteren Schritt in die Verdichtung von Energie dar. Was bislang lediglich eine Art mentale und damit eher abstrakte, nicht greifbare Sinnes- oder Gedanken-Bewegung war, wird nun als Emotion schon deutlich konkreter als Bewegung spürbar. Das ist es nun einmal das, was geschieht, wenn sich Energie verdichtet – sie wird greifbarer. Gefühle sind noch nicht wirklich greifbar, dafür aber nicht selten als regelrechte Wallung spürbar. Diese Einsicht spricht eine deutliche Sprache und besagt, dass alles Bewegung ist.

Auch wenn wir von Ver-Stand, von Über-Legungen, von Fest-Stellungen sprechen und in diesen Worten nur wenig Dynamik entdecken, so täuscht das. Jede Verstandesleistung ist Bewegung, eine Bewegung im Bewusstsein. Da wir dieses Bewusstsein alle teilen, können wir die Bewegungen immer auch miteinander teilen. Zwar sind wir nicht sehr geübt darin, unsichtbare Bewegungsströme wie Gedanken zu lesen, aber scheinbar sind wir auf Verdichtung angewiesen, um das Leben in seinem Urprinzip der Bewegung zu erkennen.

Vielleicht ist alles Bewegung, doch nicht jede Bewegung auch Befreiung. Es macht durchaus einen Unterschied, wie die Bewegung vollzogen wird. Das mag Sie vielleicht an Worte erinnern, die bereits an anderer Stelle im Buch darauf hingewiesen haben, dass es weniger darauf ankommt, *was* geschieht, sondern darauf, *welche Energie* damit einhergeht, *welche Intention* das Geschehen begleitet. Nun, hier taucht genau dieses Prinzip wieder auf. Es macht einen Unterschied, von welcher Gesinnung Feststellungen, Gedanken, Gefühle und Handlungen getragen sind.

Die eine Ausrichtung führt in die Öffnung, die andere in den Verschluss oder die Verdichtung. Daraus geht hervor, dass die Wörter Ver-Stand, Über-Legungen und Fest-Stellungen vor allem dann Statisches zum Ausdruck bringen, wenn ihre Bewegungsintention Verdichtung bewirkt. Die Schwingungsfrequenz sinkt, je mehr die Dichte eines Körpers zunimmt. Verdichtung führt also zu einer *Verlangsamung*. All das wiederum geschieht dadurch, dass durch die Kraft des Verstandes einer ursprünglich freien Bewegung im Bewusstsein eine andere Bewegung hinzugefügt wird.

Ein kleines Beispiel: Stellen Sie sich vor, Sie geraten in eine Verkehrskontrolle. Sie haben nichts falsch gemacht, haben alle Regeln der Straßenverkehrsordnung befolgt und waren entspannt auf dem Weg nach Hause. Da werden Sie aufgehalten und nach Ihren Papieren gefragt. So weit die Szene aus dem Alltag. Übersetzt heißt es nun, dass die Bewegung des Lebens, der Lauf der Dinge, sich zunächst frei entfaltet.

Es geschieht einfach, ohne dass sich jemand darüber Gedanken macht oder sich in irgendeiner anderen Weise einmischt. Die Bewegung, die auf diese Weise der Ordnung des Lebens selbstverständliche Achtung schenkt, trägt das Potenzial zur Befreiung in sich. Dann, plötzlich, wird dieser Bewegung Einhalt geboten. Sie soll kontrolliert werden. Es soll überprüft werden, ob auch wirklich alles in Ordnung ist. Und dies geschieht eben dadurch, dass dieser ursprünglichen Bewegung eine weitere Bewegung hinzugefügt wird. Eine Bewegung, die strukturiert, sich vergewissern und konkretisieren, kurzum, etwas *wahrmachen* möchte.

Die ursprüngliche Bewegung des Lebens wahrmachen zu wollen, ändert zwar nichts an ihrer Ursprünglichkeit, lässt ihr aber im wahrsten Sinne des Wortes keinen freien Lauf mehr. Der Lauf der Dinge ist überlagert, beschwert und durch das Hinzufügen von Energie verdichtet. Ich denke, das ist gut nachzuvollziehen.

Eine Verdichtung ist also etwas *Hinzugefügtes*, das die ursprüngliche Energie des Lebens überdeckt. Und genau das wird auch noch verstärkt, wenn Sie sich obendrein mit dem Hinzugefügten *identifizieren*. Wenn Sie also anfangen, sich mit Bewegungen zu verbünden, welche die Intention verfolgen wahrzunehmen, zu verstehen, festzustellen, zu bestätigen, zu kontrollieren, zu strukturieren, zu analysieren und so weiter. Dann wird das Geschehen für Sie zur Realität: Der Prozess des Verdichtens wird wahr.

Keine Angst – Sie müssen nicht auf all diese gewohnten und zum Teil liebgewonnenen Prozesse verzichten. Sie müssen sie sich auch nicht aus dem Kopf schlagen. *Es gilt lediglich zu hinterfragen, wie Sie mit ihnen umgehen, wie Sie sie einsetzen.* Es geht darum, Klarheit darüber zu gewinnen, wie eine Krise entsteht und wie sie Krisen eindämmen und entschärfen können. Das ist aber nicht das Wichtigste.

Das Wichtigste ist …

- … *mit Krisen anders umzugehen*
- … *sie nicht als Feind zu verstehen*
- … *sie nicht als etwas zu sehen, das sie nicht sind*
- … *sich ihnen gegenüber anders zu verhalten*
- … *sie zu verstehen*

- … *ihnen auf den Grund zu gehen, und zwar mit Innenschau und nicht durch Analyse*
- … *sie zu entlarven und ihren Urgrund zu durchschauen.*

ERLEBEN SIE DIE EINSICHT: Bewegungen, die einer Verdichtung folgen, werden Sie immer wieder mit Trennung konfrontieren. Das soll Ihnen keine Angst machen. Es ist einfach so, und es kann durchaus als Segen empfunden werden. Die Konfrontation mit der Trennung hat nämlich – auch wenn sie uns mühsam erscheinen mag – nur eine einzige Intention: Sie auf Trennung aufmerksam zu machen. Und zwar nicht auf die, die Sie im Außen wahrzunehmen scheinen, sondern auf jene Trennung, die Sie in Ihrem Bewusstsein vollziehen.

Krisen, die sich als Bilder in Ihrem Leben zeigen, sind also nichts anderes als verdichtete Hinweise dafür, dass Sie drauf und dran sind, sich immer weiter von der Einheit zu entfernen. Das kann faktisch zwar nicht geschehen, weil sie grundsätzlich Einheit sind, doch wird es Ihnen so vorkommen, weil Sie sich mit der Trennung identifizieren. Damit schauen Sie in die falsche Richtung und übersehen dabei permanent das, wonach Sie sich sehnen und was Ihnen näher ist als alles andere: die Verbundenheit in Einheit.

Das Überschreiten der dritten Schwelle ist demnach ein Schritt, der allein durch das Wort Emotion schon Bewegung impliziert, aber nur eines zur Folge hat, nämlich den nächsten Schritt in die Verdichtung, in das konkrete Empfinden einer Krise. Wenn also Emotionen als Bewegung wahrgenommen werden, so ist das Auftreten von Gefühlen noch lange kein Hinweis darauf, dass sich unser Organismus von Verdichtung befreit. Es sei denn, Emotionen werden zur Empfindung und bekommen damit eine andere Note. Dazu aber zu einem späteren Zeitpunkt mehr.

Zunächst muss davon ausgegangen werden, dass die Kraft, die der emotionalen Dynamik zugrunde liegt, eine verdichtende Kraft ist. Diese bewirkt, dass eine Feststellung wahrgemacht und der dritte Schritt in der Trennung vollzogen wird. Und noch ein kleiner Einschub: *Der Prozess des Wahrmachens geschieht auf jeder Ebene der Verdichtung immer mittels Ihres Glaubens. Je mehr Sie an das glauben, sich mit dem identifizieren, was Sie wahrnehmen, was Sie denken und fühlen, desto mehr bestätigen Sie Ihre Intention des Wahrmachens. Was nun speziell die Emotionen betrifft, so haben diese äußerst überzeugende Wirkungskraft.*

Um welche Gefühle es sich auch immer handelt, sie tragen dazu bei, dass etwas noch glaubwürdiger wird. Sie kennen das sicher. Fängt jemand zu weinen an, glauben Sie der Trauer dieses Menschen mehr, als wenn er nur darüber redet, wie traurig er ist, oder? Wenn jemand lacht und sagt, dass es ihm wohlergeht, so glauben Sie dieser Äußerung eindeutig mehr. Etwas zu glauben führt Sie aber erneut in die Nähe einer Identifikation. Genau dieses Ziel verfolgen Emotionen mit aller Konsequenz.

Auch diese Situation werden Sie kennen: Da geschieht irgendetwas scheinbar im Außen, das Ihren Vorstellungen davon, wie etwas zu sein hat, zuwider läuft. Und was passiert? Sie werden emotional, werden ärgerlich, richtig? Oder Ihre Vorstellungen werden von Grund auf bestätigt – auch dann werden Sie emotional. Sie freuen sich. Damit wird klar, dass Emotionen, so oder so, immer Ihre *Feststellungen wahrmachen*.

An dieser Stelle gilt es vielleicht ein wenig genauer die Welt der Emotionen zu betrachten. Nicht jeder Mensch ist sehr vertraut mit diesen Kräften. Die einen lassen Sie erst gar nicht hochkommen und glauben, sie überspringen zu können, indem sie sie direkt in eine Handlung münden lassen. Andere haben geradezu Angst vor ihnen und suchen sie zu unterdrücken. Was aber sind Emotionen genau, und müssen wir sie tatsächlich fürchten?

Nun, wie die Gedanken sind auch Gefühle nichts weiter als Bewegungen im Bewusstsein, nur eben solche, die nicht einfach abstrakt in unserem Kopf umherspuken. Gefühle sind als Bewegung im gesamten Körper spürbar, sie versetzen ihn in Wallung. Damit lenken sie unsere Aufmerksamkeit noch etwas konsequenter darauf, dass sich offensichtlich etwas in uns regt, uns etwas bewegt oder sogar im Begriff ist, uns aus der Bahn zu werfen. Dadurch, dass über Emotionen dynamische Kraft so sehr spürbar wird, wirken Emotionen oft auch als Katalysatoren. Dafür, dass uns etwas im wahrsten Sinne des Wortes begreiflich wird oder dass wir eine Richtung einschlagen und tätig werden.

Um jedoch die Dynamik der Handlungen noch etwas hintanzustellen, soll jetzt zunächst einmal das Augenmerk darauf gerichtet werden, wie Gefühle uns auf etwas aufmerksam machen können, uns etwas begreifen lassen. Nur gedacht ist nicht gefühlt, und manchmal reichen Gedanken nun einmal nicht aus, um zu einer Entscheidung zu kommen. Manchmal muss es ein wenig deutlicher werden, damit wir es begreifen. Anders und damit im Jargon des Buches ausgedrückt, muss es sich eben noch ein bisschen mehr verdichten.

Auf der anderen Seite jedoch würden wir vor manch einer übereilten Tat bewahrt werden, wenn wir zunächst einmal unseren Gefühlen mehr Aufmerksamkeit schenkten. Gefühlen zu wenig Achtung zu schenken, kann also entweder eher lähmen oder uns zu voreiligen Handlungen verleiten. Im ersten Fall verfangen wir uns in Gedankenspiralen, im zweiten Fall neigen wir dazu, uns zu verausgaben. Aus diesem Grund wird an dieser Stelle den Gefühlen noch ein wenig mehr Platz eingeräumt.

Wie gesagt, Gefühle können uns durchaus eine Menge begreiflich machen. Da wäre zum Beispiel das Gefühl des

Ärgers. Diese Emotion, die, wie alle Gefühle, nichts anderes als eine spürbar verdichtete Schwingung in unserem Körper ist, kann uns erkennen lassen, dass eine Grenze in uns berührt wurde. Wie auch immer diese Grenze geartet ist, ob als Widerstand gegenüber anderen Meinungen oder gegenüber einer körperlichen Berührung, immer dient uns dieses Gefühl als eine Art Alarmsystem.

Ärger ist in unseren kulturellen Breitengraden allerdings nicht allzu anerkannt. Da wir allesamt nicht gelernt haben, mit diesen und anderen Gefühlen adäquat umzugehen, ist dies wenig verwunderlich. Immerhin ist es nicht direkt offensichtlich, dass es sich bei allen Bewegungen, die wir wahrnehmen, eigentlich um ein Geschenk handelt, das wir nicht unweigerlich nach außen weitergeben müssen. So lässt sich nur allzu leicht übersehen, dass so etwas wie Ärger nicht dazu da ist, ihn bei anderen abzuladen.

Das Gleiche gilt für die Emotion der Trauer. Auch sie ist nichts weiter als eine Bewegung im Bewusstsein, die als verdichtete Schwingung im Körper spürbar wird. Und auch sie ist nicht dazu da, andere darauf hinzuweisen, dass wir leiden – sie dient uns selbst. Wir können andere an ihr teilhaben lassen und uns dadurch durchaus erleichtert fühlen. Wir werden diese Erleichterung aber nur spüren, wenn wir die Bewegung der Trauer zu uns nehmen. Dann nämlich, wenn wir ihr aufrichtig Gehör schenken, wenn wir zulassen, dass wir durch sie uns selbst näherkommen, erst dann können wir wahrhaft aufatmen. Sie ahnen vielleicht, dass diese Ausführungen bereits einen Vorgriff auf dem Weg heraus aus der Krise darstellen.

Eigentlich gibt es keinen Weg – weder in die Krise hinein noch aus der Krise heraus. Es gibt lediglich Verdichtung oder Abfallen von Verdichtung. Der Weg ist damit eher ein Bild dafür, umzudenken, zu hinterfragen und wachsam zu sein.

Natürlich haben wir ein noch wesentlich größeres Gefühlsspektrum als nur das des Ärgers und der Trauer. Immerhin gibt es auch noch Gier, Empörung, Scham, die Aufregung, Ausgelassenheit, Neid, Verunsicherung, Groll und nicht zuletzt das Gefühl von Schuld. Alle haben sie miteinander gemein, dass sie Sie in Wallung versetzen, uns aufwühlen und uns damit aufzuwecken vermögen.

Ignorieren wir sie, so verpassen wir diesen Weckruf, identifizieren wir uns andererseits mit ihnen, so mögen sie uns mitunter mehr Verwirrung bringen als Klarheit. Wir machen durch sie immer das wahr, was wir vorher festgestellt haben, und werden so zu ihrem Spielball. *Alle unguten Emotionen wollen wir ablegen, alle guten behalten. Die Kunst liegt darin, beide als gleichwertige Helfer zu sehen, die uns auf dem Weg der Selbstverwirklichung begleiten, um unseren Blick nach innen zu wenden.*

Kennen Sie das, dass Sie im einen Moment noch der Überzeugung sind, dass eine Situation Ihnen wohlgesonnen und dienlich ist, Sie sich darüber freuen und erleichtert sind, sich dann das Blatt aber sehr schnell wendet? Sie müssen nur durch etwas veranlasst worden sein, zu einer anderen Überzeugung zu gelangen, und schon erleben Sie eine andere Wallung, die durch Ihren Körper geht. Das ist nicht weiter schlimm, denn im Grunde genommen ist Wallung gleich Wallung. Ohnehin sagt man, dass alle Emotionen immer nur *einem* Gefühl entspringen, dem Gefühl der *Angst*. Angst treibt uns um und bewirkt unterschiedliche Bewegungsimpulse. Die einen münden in Erstarren, die anderen in Flucht.

Diese beiden grundsätzlich unterschiedlichen Bewegungsausformungen können aber noch weiter in sich differenziert werden. Und genau das tun wir und belegen die einzelnen Gefühlsnuancen erneut mit Werten. Auf diese Weise werden Feststellungen nicht nur durch Gefühle wahrgemacht, sondern auch umgekehrt, Gefühle durch Feststellungen.

Während also die eine Emotion als angenehm gilt, wird der anderen ein unangenehmer Beigeschmack hinzugefügt. Just diese Unterscheidung ist es aber, die uns von Zeit zu Zeit den Eindruck beschert, wir würden uns in einem Wechselbad der Gefühle wiederfinden. Dabei haben wir einfach nur unsere Überzeugung geändert, etwas anderes festgestellt.

Vielleicht wundern Sie sich, dass bis jetzt noch nicht von *Liebe* die Rede war. Da jedoch Liebe als vermeintlicher Gegenpol von Angst eben kein wahrer Gegenpol ist, sondern einfach nur das, was *ist*, fehlen für dieses Wort die Worte. Eher schon kann man sagen, was Liebe mit Bestimmtheit *nicht* ist, dass sie *kein* Ziel hat, sich auf *nichts* bezieht und weder Anfang noch Ende kennt. Damit ist klar, dass das, was wir im Alltag als Liebe bezeichnen, nicht das sein kann, wofür wir es halten. Wir können einen Menschen lieben oder mögen, doch dieses Empfinden kann nicht mit der universellen Liebe gleichgesetzt werden, die stets bedingungslos ist.

Was es aber, vor allem durch die vermeintliche Liebe zu einem anderen Menschen, nochmals in Erinnerung zu rufen gilt, ist, dass jeder Schritt in die Krise den Bezug zu sich selbst knüpft. Wir erkennen uns durch jeden einzelnen Schritt selbst. Auch wenn wir noch so sehr daran glauben, dass das, was wir wahrnehmen, im Außen ist, macht es durchaus Sinn, dies zu hinterfragen. Spätestens dann, wenn es um Liebe geht.

Es ist ja nachvollziehbar, dass wir eher dazu neigen, vor allem *negative Feststellungen* nach außen zu verlagern und den Bezug zu uns zu leugnen. Was aber, wenn Sie hören, dass der Bezug auch dann gegeben ist, wenn Sie die Liebe in den Augen eines anderen Menschen entdecken? Sind Sie dann immer noch geneigt, den Bezug zu sich von sich zu weisen?

Es heißt, man verliebt sich immer in Menschen, die komplett anders sind. Man sagt auch, dass dies so sein muss, damit wir auf unsere verborgenen Eigenschaften oder Ablehnungen hingewiesen werden. Wir verlieben uns in Menschen, die wir toll finden, die wir bewundern, schön finden oder in irgendeiner Weise faszinierend. Das, was uns fasziniert, ist genau das, was wir in uns suchen, nicht erkennen und damit auch nicht leben können.

Der andere hat das, was uns ergänzt – und wir merken nicht, dass wir selbst es nicht haben. Sich zu verlieben, ist daher die schönste Art und Weise, darauf aufmerksam gemacht zu werden, dass wir *Liebe* sind. Glauben wir nicht daran, dass dies ein Gefühl ist, das unabdingbar mit einem anderen Menschen verknüpft ist, so wird aus dem Wissen um Liebe das Gefühl von Verliebtheit und Schwärmerei, bis hin zur Projektion. Das ist nicht verwerflich, es ist ja auch aufregend und schenkt uns Schmetterlinge im Bauch. Andererseits handeln wir uns damit aber Kummer und Leid ein. Wir erfahren beide Seiten der Medaille der sogenannten Liebe, die nicht die wahre Liebe ist.

Daher ist klar, dass es tatsächlich einen Unterschied zwischen Gefühlen und Empfindungen gibt, so dass in diesem Moment Folgendes zusammenfassend festgestellt werden kann, ohne dass Sie sich mit dieser Feststellung identifizieren müssen: Gefühle scheinen uns eher in Wallung zu versetzen, Empfindungen dagegen haben das Potenzial, in die Stille zu führen. Kennen Sie diesen Unterschied aus Ihrem Alltagserleben? Ich denke schon, oder?

Noch einmal auf den Punkt gebracht lässt sich also sagen, dass aufwühlende Emotionen geradezu prädestiniert sind, Verdichtung zu bewirken. Auf diese Weise wird die Konkretisierung einer Krise vorangetrieben, die eigene Individualität bekräftigt, und wir übersehen bei all dem die Öffnung zur Einheit. Wenn also anhand von Emotionen Feststellungen wahrgemacht werden, so führt dies zu einem weiteren Aspekt, auf den noch eingegangen werden soll. Nämlich hiermit ...

Die Grundaussage dieses Aspektes lautet in aller Kürze: *Durch Emotionen wahrgemachte Überzeugungen überzeugen Sie davon, dass Sie Recht haben. Eine Vorstellung, Meinung oder Überzeugung, die mittels Gefühle bekräftigt wurde, vermittelt uns folglich das Gefühl, Recht zu haben. Dieses Erleben ist so stark, dass es eine Reaktion erzeugt oder ein Urteil von uns fordert, das wir aufgrund der starken Gefühle als absolut ansehen (was es natürlich nicht ist!).* Was meinen Sie dazu? *Bilden diese wenigen Worte nicht die Basis für ein Verständnis über das Zustandekommen von Konflikten, Auseinandersetzungen, Streit und Krieg?*

Wenn der eine davon ausgeht, mit dem, was er wahrnimmt, absolut Recht zu haben, hat der andere, was absolut logisch ist, seiner Meinung nach Unrecht. Nicht dass Sie das jetzt falsch verstehen. Natürlich hat jeder Recht mit dem, was er wahrnimmt. Er hat aber nicht unweigerlich das Recht zu meinen, dass das, was er für ihn nun Recht ist, für alle anderen Menschen gleichermaßen Gültigkeit hat. Das zu glauben, ist ein großer Irrtum.

Auch wenn es immer noch zu klären gilt, ob Individualität in der Einheit tatsächlich existent ist, so kann umgekehrt doch nicht davon ausgegangen werden, dass Einheit das Recht verleiht, seine vermeintlichen Individual-Rechte einheitlich auf alles auszuweiten. Dies wäre ein Widerspruch in sich, denn *Einheit kennt keine Rechte*. Wenn wir uns das Wort rechts ansehen, können wir das von Recht ableiten. Wer im Recht ist, nimmt also eine Position ein. Er nimmt eine Stellung ein und belegt eine Seite. Ganz gleich, ob wir die linke oder rechte Seite einnehmen, Fakt ist, dass im Einheitsdenken keine zwei Seiten existieren.

EINSICHT: *So kann man noch einmal zusammenfassend sagen, dass aus irdischer Sicht jeder von seinem Standpunkt aus Recht hat, weil jeder einzelne Mensch von seinem Standpunkt aus etwas anderes sehen muss. Stehen Sie auf der rechten Seite, sehen Sie vielleicht ein wenig mehr, als wenn Sie links stehen würden. Stehen Sie weiter links, können Sie wiederum nicht all das sehen, was der Rechtsstehende sieht. Jeder Standpunkt ist richtig.*

Aus einer geistigen und tieferen Sicht heraus betrachtet gibt es jedoch weder Unrecht noch Recht und auch keinen Standpunkt. Dort gibt es nicht einmal einen Punkt. Es ist die neutrale Leere, aus der heraus Fülle möglich wird. Dazu braucht es den Erfahrenden.

Wenn die Welt von niemandem erfahren wird, kann sie auch nicht beschrieben werden und verliert ihre Existenz. So gesehen ist die Welt von Ichs abhängig, die ihr Eigenschaften andichten, durch welche die Welt erst zu dem wird, was sie niemals war: existent. Die Welt existiert nicht, sie erscheint lediglich im Ich-Bewusstsein aufgrund der Ich-Identifikation. Und genau das ist der Punkt, den es zu durchschauen gilt.

Wenn also ein Mensch davon überzeugt ist, Recht zu haben, ist dies ein Anzeichen dafür, dass er mit dem Gedanken an Trennung und Individualität identifiziert ist. Solange er daraus keine weiteren Konsequenzen zieht, wird der Überzeugung auch kein weiterer Dünger gegeben. Meist jedoch kochen diese verdichteten Individualkräfte immer weiter hoch. Und was glauben Sie passiert, wenn jemand der felsenfesten Überzeugung ist, dass sein Nachbar klüger, reicher und auch noch attraktiver ist? Oder was passiert, wenn jemand in einer Auseinandersetzung immer hitziger behauptet, dass er im Recht ist, und nur er? Und was passiert, wenn jemand glaubt, nicht nur Recht zu haben, sondern auch noch *ein* Recht auf etwas zu haben? Was passiert, wenn ein Mensch beginnt, um sein Recht zu *kämpfen*?

Dieser Kampf beginnt bereits sehr früh. Er beginnt bereits dann, wenn wir anfangen, uns mit Individualität zu identifizieren.

Es kann angenommen werden, dass wir in den ersten Jahren nach der Geburt unseres Körpers von Identifikation noch nichts wissen. Ab dem Zeitpunkt aber, wo ein Kind sein Spiegelbild erkennt und das Wörtchen »Ich« von sich gibt, beginnt der Aufbau, die Bestätigung und die Verteidigung der eigenen Persönlichkeit. Ab da beginnen die Rangeleien um Spielzeug, später kommen die körperlichen Wettkämpfe dazu, und so geht es immer weiter. Das Wörtchen »Ich« ist der Startschuss dafür, dass wir in der Folge unsere Identität immer weiter verfeinern und zu einer *Person* werden. Diese Persönlichkeit schmückt sich mit Eigenschaften, freut sich, wenn sie Lob zugesprochen bekommt, und ist empört, wenn sie für etwas kritisiert wird. Ja, wir reagieren emotional und bestätigen damit das Wesen der eigenen Person. Wir stellen das Eigene fest und machen es über Gefühlsregungen wahr. Schließlich haben wir ja auch ein Recht auf Persönlichkeit, denken wir, das sogar gesetzlich verankert ist.

Der Kampf um Individual- und Persönlichkeitsrechte wird im Erwachsenenalter nicht mehr ganz so offenkundig ausgetragen wie in Kindertagen. Er findet vergleichsweise lange subtil statt. Das Ich vergleicht sich mit dem Du. Wenn es dabei immer wieder feststellt, dass es vermeintlich schlechter abschneidet, so ist das Gefühl von Neid nicht mehr weit.

Kaum ein Gefühl ist so subtil wie Neid, und kaum eines gesteht sich das Ich so ungern ein. Im Verborgenen entfaltet es seine Wirksamkeit dafür umso mehr. Aus dem Hinterhalt sucht es nach Vorwänden, um der eigenen

Identität zu ihrem Recht zu verhelfen. Rechte zu verteidigen und durchzusetzen, sind die wohl größten Impulsgeber dafür, tätig zu werden, eine Tat zu begehen, also zu handeln. Damit sind wir bereits drauf und dran, den vierten Schritt in die Krise hinein zu begehen.

Schritt 4 in die Krise:

Wie Sie erkennen, dass Sie sich mit Ihren Handlungen identifizieren

Der nächste Schritt in die Identifikation, in die Verdichtung, ist die Handlung. Dass es nun zu einem offenkundig wahrnehmbaren Vorgang kommt ist logisch. Warum? Nun, wir waren davon ausgegangen, dass allen Kräften, die bislang besprochen wurden, das Grundprinzip Bewegung innewohnt. Sinnliche Wahrnehmung, Gedanken, Feststellungen, Gefühle und Handlungen beruhen auf Bewegung. Was nun den Prozess der Verdichtung anbelangt, so kann davon ausgegangen werden, dass das Prinzip der Bewegung durch ihn immer offensichtlicher wird. Vor allem, wenn es der Bewusstwerdung dient.

Demnach dient jeder Verdichtungsprozess nicht nur dazu, dass wir immer gröberen, gemeineren und ichbezogeneren Strukturen folgen, sondern auch, dass wir diese erkennen und über sie hinauswachsen. Das ist der Weg vom begrenzten Ichbewusstsein zum Einheitsbewusstsein, vom Ich zum Selbst, vom weltlichen Menschen zum kosmischen Menschen. Es gilt also, die Ketten des Egos zu sprengen, und zwar mittels des Urprinzips von Leben, mittels Bewegung.

Die Dynamik mentaler Vorgänge reicht allerdings selten dazu aus, dass wir uns Kraft der Gedanken auf Anhieb auf das große Ganze besinnen. Eher neigen wir dazu, uns durch Gedanken förmlich im Kreis zu drehen, vor allem dann, wenn wir uns in einer belastenden Situation widerfinden. Die Bewegung wird deutlicher, so dass sie als Gefühlsregung im ganzen Körper wahrnehmbar wird. Auch diese Bewegungen laden uns selten genug dazu ein, über den eigenen Tellerrand hinauszusehen. Ganz im Gegenteil. Gerade durch unsere Gefühle fühlen wir uns in unserem vermeintlichen Recht auf Individualität von Grund auf bestätigt. Also wird die Bewegung noch deutlicher und mündet als nächstes in eine Handlung, wodurch die Verdichtung seinen vorläufigen Höhepunkt erreicht. Es kommt zur Tat.

Und da jede Tat eine Wirkung nach sich zieht, ist das ein weiterer Schritt in die Krise. Vor der Handlung haben wir gedacht, gefühlt und schon hier Bewegungen erzeugt, durch die Tat wird die Dynamik nun noch weiter verstärkt. So braut sich durch Bewegung eine Krise zusammen, die gleichzeitig erlösend sein kann, wenn wir erkennen, was sich in uns abspielt, wie wir funktionieren und welche Kriterien die Lebensumstände formen.

Ganz gleich, zu welcher Handlung es kommt, in dem Moment, da sie vom Glauben an eine verlorengegangene Ordnung getragen ist, wird durch sie Trennung wahrgemacht, was auch für alle vorangegangenen Emotionen, Feststellungen und Gedanken gilt. Handlungen, die den eigenen Vorstellungen davon, was Ordnung ist und was nicht, Genüge tun sollen, erfolgen mit der Absicht, Individualität zu bekräftigen. Durch solche Taten, durch die wir uns häufig erst so richtig lebendig fühlen, wird nicht nur Bewegung als Urprinzip des Lebens maximal wahrnehmbar, es verdichtet sich auch die Individualitätsidee. *Zur Erinnerung: Es kommt immer auf die damit einhergehende Intention an. Wenn Sie angenommen haben, dass Sie mit jeglicher Handlung Ihr Ichbewusstsein kräftigen, kann dieser Gedanke sofort wieder verworfen werden.*

Erinnern Sie sich auch: Sie haben vor jeder Türschwelle die Wahl, in welche Richtung Sie den Schlüssel im Schloss drehen. Der Schlüssel ist Ihre Intention, und wenn diese im Einklang mit dem Einheitsbewusstsein steht, kann im selben Moment der Prozess der Verdichtung außer Kraft gesetzt werden.

Dieser Zusammenhang gilt jedoch auch umgekehrt. Erfolgt eine Handlung nämlich aus der Überzeugung und dem Impuls heraus, dass sie das Beste für das eigene und das Leben anderer Menschen sei, so ist sie letztlich immer nur dem Ego dienlich. Dasselbe gilt für alle Handlungen, die sich gegen jemanden richten oder mit denen Sie sich direkt selbst schaden (wobei Sie sich aus geistiger Sicht ohnehin immer nur selbst schaden). In beiden Fällen aber gilt, dass das Ego des Handelnden verstärkt wird und es zu einer Verdichtung der Trennungsidee kommt, die als Handlung sichtbar wird.

Es mag seltsam anmuten, doch es macht keinen Unterschied, ob eine Tat positiv oder negativ zu bewerten ist. In der Einheit gibt es nur Gleich-Gültigkeit, was aber noch lange nicht heißt, dass es Ihnen nun gleichgültig sein kann, was Sie tun. Sie können den Schlüssel nach wie vor nach rechts, nach links oder gar nicht umdrehen oder dabei zusehen, wie sich der Schlüssel von selbst dreht. Entscheiden Sie sich *jetzt*, ob Sie als Individuum weiterhin leiden möchten oder die Glückseligkeit von Einheit vorziehen.

Alle anderen Entscheidungen mögen nicht ganz unwichtig sein, wenn es um Ihr Ich geht, aber das Wichtigste ist nach wie vor das Selbst. Ohne Selbst wären wir nicht hier, und wenn wir uns nicht als Selbst erfahren, sondern im Ich-Bewusstsein steckenbleiben, wird die Essenz des Lebens nicht wirklich entdeckt. Es war vielleicht schön, manchmal traurig oder auch schmerzvoll, doch niemals die Erfüllung selbst.

Jede Intention, die Sie Ihrem Leben, Ihren Gedanken, Gefühlen und Handlungen geben, zeugt von einer Schwingung. Je feiner sie wird, umso geschmeidiger wird auch

Ihr Ich. Leben Sie nicht einfach so dahin, indem Ihnen Gedanken, Gefühle, Handlungen und Gesinnung egal sind. Denken Sie daran, dass auf dem Weg zum Selbst all diese Feststellungen, dieses Wahrmachen, Vorstellen, Interpretieren und Urteilen *abfallen* muss, und zwar gänzlich. Früh übt sich, wer ein Meister darin werden will.

Das, was zuvor noch eine Bewegung war, die *in Ihnen* stattgefunden hat, wird durch die Tat nach außen verlagert und dort sichtbar. Damit wird klar, dass Handlungen im Außen einer Bewegung im Innen folgen und just diese damit wahrmachen. Handlungen machen also Emotionen wahr. Fast schon könnte man glauben, dass wir die Bewegungen in unserem Inneren loshaben möchten und sie daher nach außen verlagern und zur Tat greifen. Letztlich ist an diesem Gedanken sogar etwas dran, *nämlich dann, wenn ihm Nachdruck verliehen werden würde.* Wie jeder andere Gedanke würde auch er sich weiter verdichten. Also belassen wir es dabei und kehren zurück zu den Verdichtungsprozessen. Sehen Sie, wie schnell man in die Falle tappen kann? Kaum kommt ein interessanter Gedanke daher, schon lädt er dazu ein, weiterverfolgt zu werden.

Tatsächlich lädt uns alles, was unser Interesse weckt, dazu ein, uns in etwas zu verbeißen. Wörtlich übersetzt heißt *inter-esse* so viel wie dazwischen sein. Im Zustand des Dazwischen-Seins sind wir daher bildlich gesprochen weder dort, wo wir einmal waren, noch dort, wo wir in der Folge sein werden. Es handelt sich um eine Art Durchgangsstation, innerhalb derer wir eine Wahl haben.

Im Alltag sieht das dann so aus, dass wir mit einer Entscheidung konfrontiert werden. So könnte es zum Beispiel an der Zeit sein, sich zu entscheiden, ob dem Interesse an einer bestimmten Sportart wirklich nachgegangen wird. Es könnte auch eine Entscheidung darüber anstehen, ob wir einem Menschen gegenüber offenbaren, dass er uns am Herzen liegt. Oder wir ringen uns durch, unser Interesse an einer bestimmten beruflichen Position offenkundig zu machen. Wenn dann endlich die Entscheidung gefallen ist, schreiten wir zur Tat ... oder auch nicht.

Was nun mit den meisten dieser Entscheidungen einhergeht, ist eine Zielsetzung. Gerade dann, wenn Sie sich nach langer Überlegung zu einem Sprung auf die Karriereleiter entschlossen haben, werden Sie höchstwahrscheinlich ein Ziel damit verfolgen oder zumindest gewisse Vorstellungen. Dabei ist eine Vorstellung nichts anderes als das, was wir meist vorab in unseren Gedanken bereits wahrgemacht haben und nur noch auf seine Konkretisierung im Außen wartet. Es wartet also gewissermaßen auf seine *Verdichtung*.

Aus einem Interesse, aus dem heraus alles noch möglich war, ist ein Ziel geworden, das nun auf eine bestimmte Möglichkeit hin ausgerichtet wird. Wieder hat sich eine Trennungsidee durchgesetzt, und so wird dies mit jedem Ziel, das Sie sich setzen, erneut geschehen. Wenn Sie eine

Sportart anstreben, gilt dasselbe. Auch wenn Sie sich dafür entscheiden, eine Sportart nicht mehr auszuüben. Selbst dann findet ein Ausschluss und damit eine Trennung statt, insbesondere, wenn Sie sich bewusst dagegen aussprechen. Würde das Interesse ohne Ihr Dazutun, einfach so, aufkommen oder abebben, würde alles offen bleiben.

Immer wenn Sie Ihr Interesse in ein Entweder-Oder münden lassen, nehmen Sie Verdichtung billigend in Kauf. Und wie wir jetzt bereits wissen, ist jede Verdichtung der Grundstock einer Krise. Wenn sie den Job verlieren, beim Sport stürzen – was auch immer geschieht, es ist die Folge von Verdichtungen beziehungsweise Gedanken, Gefühlen, Entscheidungen, also Handlungen, die dem vorausgegangen sind.

Ist einmal ein Ziel gesteckt, wird zumindest anfänglich mit Elan daran gearbeitet. Es soll sich ja schließlich erfüllen. Lassen Sie uns aber noch einmal genauer untersuchen, wie es zu einem Ziel kommt. Wie bereits angedacht, wird dem Ziel ein Interesse vorangegangen sein. Für einen bestimmten Zeitraum war dieses Interesse von einer gewissen Offenheit begleitet. Doch was passiert danach und was genau geschieht, wenn aus der Summe aller Möglichkeiten nur noch eine Einbahnstraße übrig bleibt? Um es in aller Kürze auf den Punkt zu bringen: Nachdem alle vorherigen Identifikations- und Verdichtungsstadien wahrgemacht wurden, hat sich eine Emotion durchgesetzt. Dieses Gefühl hat dann, wie wir so schön sagen, so lange an uns genagt und in uns gearbeitet, bis wir bereit waren, es in eine Handlung zu transformieren, die das ersehnte Ziel wahrmachen sollte.

Zusammengefasst kann also davon ausgegangen werden, dass wir uns vor allem von zwei Kräften zu einer Handlung hinreißen lassen. Einerseits ist dies die Kraft einer emotional geladenen Überzeugung, die uns suggeriert, auf irgendetwas ein Anrecht zu haben. Auf der anderen Seite ist es die Kraft des persönlichen Interesses, verbunden mit einem bestimmten Ziel, das emotionale und letzten Endes tatkräftige Bewegungen auszulösen vermag. In beiden Fällen begehen wir den vierten Schritt in die Konkretisierung der Krise und machen damit die vorherigen Emotionen wahr.

Wenden wir uns nun ein paar Beispielen zu, die entweder die eine oder die andere Kraft zum Ausdruck bringen. Stellen wir uns vor, dass ein Mensch, nennen wir ihn Paul, sich nach einer besseren Position in der Firma sehnt, in der er schon sein ganzes Berufsleben verbringt. Mit dem Geld, das er dadurch zusätzlich zur Verfügung hätte, und mit dem Ansehen, das damit einherginge, könnte er endlich Anschluss, Bewunderung und eine gewisse Stellung in der Gesellschaft finden. Schon lange lebt er allein, fühlt sich vielleicht auch etwas isoliert. Dass er mit einer höheren Position auch Einbußen an freier Zeit hinzunehmen hat, daran stößt er sich nicht sonderlich. Vielmehr glaubt er, dadurch noch interessanter auf andere Menschen zu wirken.

Schließlich wäre er dann ein viel beschäftigter Geschäfts-
mann. Es dauert einige Zeit, in der Paul alle möglichen
Vor- und Nachteile im Geiste durchgegangen ist, bis er
eines Tages die Entscheidung trifft, ein Gespräch mit seinem direkten Vorgesetzten zu führen. Diesem Gespräch
wird stattgegeben, allerdings erst für einen späteren Zeitpunkt, als er sich das vorgestellt hat. Paul fragt nach, ob
nicht ein zeitnaher Termin gefunden werden könne, und
wird wiederum um Nachsicht gebeten.

Bis hierher kann also bestätigt werden: Die Kraft der
Emotion, in diesem Fall das Sehnen nach zwischen-
menschlichen Kontakten und Anerkennung (untermauert
durch die Zielsetzung, im Beruf einen Schritt nach vorne
zu kommen), führt bei Paul zu der Entscheidung, tätig zu
werden. Am kommenden Tag macht er die Beobachtung,
wie einer seiner Kollegen das Büro des Vorgesetzten be-
tritt und es erst nach einiger Zeit, dafür aber sichtlich gut
gelaunt, wieder verlässt. Am nächsten Tag wird zur Mit-
tagszeit zu einer kleinen Feier eingeladen.

Der Kollege, der die Unterredung mit dem Vorgesetzten hatte, lädt dazu ein, sich mit ihm über seine Beförderung und die Versetzung in eine andere Abteilung zu
freuen. Paul jedoch ist nicht in Feierlaune. Er erlebt ein
Wechselbad der Gefühle und schwankt zwischen Zorn,
Enttäuschung und zum Teil auch Freude für den Kollegen. Am deutlichsten kristallisiert sich aber eines heraus,
nämlich das Gefühl von Empörung. Seiner Ansicht nach,

wäre eindeutig er derjenige gewesen, der als Erster eine Beförderung verdient hätte. Er war am längsten in dieser Firma, fast zehn Jahre länger als sein gefeierter Kollege. Damit hat ganz klar er ein Anrecht auf eine gebührende Wertschätzung seiner Arbeit. Aus dieser Überzeugung heraus verlässt er die Feier und geht schnurstracks zum Büro des Abteilungsleiters.

An dieser Stelle war es, ausgelöst durch emotionale Turbulenzen, die Überzeugung auf das Anrecht einer Beförderung, die Paul entschlossen das Gespräch mit seinem Vorgesetzten suchen lässt. Auch hier wird also durch die Handlung die entsprechende Gefühlslage wahrgemacht.

Ohne nun das Beispiel in einen Roman münden zu lassen, haben Sie sicher bereits eine konkrete Idee davon bekommen, was den vierten Schritt in die Verdichtung einer Krise ausmacht. Natürlich sind noch viele weitere Szenarien denkbar, beispielsweise, dass Paul die Beförderung verwehrt bleibt und er aus Neidgefühlen heraus zu Intrigen innerhalb der Kollegenschaft greift. Er könnte auch, im Sinne der Gerechtigkeit, zum Betriebsrat gehen und einen arbeitsrechtlichen Prozess erwirken. Vorstellbar ist ebenfalls, dass sich Paul zutiefst enttäuscht zurückzieht und sich selbst sowie seine Arbeit vernachlässigt.

Sollte an dieser Stelle der Einwand kommen, dass ein Rückzug keine Handlung ist, so ist dies reine Ansichtssache. Die Frage sei erlaubt: Warum sollte das Unterlassen einer Handlung nicht auch eine Handlung sein? Wobei wir bei einer sehr grundsätzlichen Frage angekommen sind: Was genau kennzeichnet eine Handlung? Wann beginnt sie?

Haben wir es nicht bereits mit einer Handlung zu tun, wenn wörtlich genommen die Hände mit im Spiel sind? Oder setzt eine Handlung schon viel früher ein? Womöglich schon beim Gedanken an eine Tat? Wurde Ihnen nicht auch schon einmal gesagt, dass man Ihnen bereits an der Nasenspitze ansehen könne, dass Sie etwas vorhaben? Gehört das Aussäen einer Handlung nicht auch schon zur Tat an sich?

Es gibt eine Redensart, wonach etwas durch Worte vorweggenommen werden kann. Das würde bedeuten, dass Worte bereits Taten sind. Oder ist alles doch wieder ganz anders?

Und so frage ich Sie: Gibt es in der Einheit eine Handlung? Und wenn ja, müsste es nicht auch einen Handelnden geben? Und wenn es einen Handelnden gibt, müsste es dann nicht etwas geben, an das Hand angelegt wird? Kurzum, es müsste Subjekt und Objekt geben. Es müsste Trennung geben, und die gibt es in der Einheit nicht. So betrachtet gibt es in aller Konsequenz gar keine Handlungen. Es scheint sie lediglich aus der Sicht eines Individuums zu geben. Zum Schein, so dass klar wird, dass dieser vierte Schritt eine weitere Etappe dafür ist, Trennung *wahr* werden zu lassen.

Schritt 5 in die Krise:

Wie Sie durchschauen, dass Sie durch Ihren Willen befangen sind

Der fünfte Schritt in die Krise ist zugleich Höhepunkt und Wendepunkt einer jeden Situation, einer jeden Erfahrung. Hier entscheidet sich alles. Es geht um nichts Geringeres als die Krone der Schöpfung und darum, wem Sie sie aufsetzen: Ihrem Ego oder der Essenz des Lebens? Diese Krone trägt den Namen »Wille«, und Sie entscheiden, wessen Wille geschehe.

Immer noch gehen wir den Weg hinein in die Verdichtung und wandeln somit nach wie vor schnurstracks auf dem Pfad der Identifikation. Dass wir dies ganz bewusst tun und damit vor keiner Verdichtung gefeit sind, wurde bereits geklärt. Unser Bestreben, all diese Schritte ganz bewusst zu vollziehen, entscheidet darüber, ob Identifikation verstärkt oder aber durchschaut und damit erlöst werden kann.

Unser Bestreben, vor allem unsere Intention, ist jene Kraft, die allentscheidend ist. Der fünfte Schritt in die Krise ist der alles entscheidende Schritt. Damit ist klar, dass wir uns nun endgültig der bewussten Betrachtung unserer inneren Haltung zuwenden müssen. Innere Haltung – diese beiden Wörter bringen wörtlich zum Ausdruck, was Intention meint.

Es geht darum, in welche Richtung wir schauen, denken und leben. Ist es unsere Intention, dem Leben zu folgen, oder möchten wir, dass das Leben sich nach unseren Vorstellungen richtet? Das ist die grundsätzliche Unterscheidung und letztlich auch die einzige. Eine andere Wahl, wem wir die Regie in unserem Leben anvertrauen, haben wir nicht, genau diese aber ist entscheidend. Gehe ich den Weg des Ego oder des Selbst? Gehe ich den Weg des göttlichen oder des persönlichen Willens? Auch wenn der göttliche Wille dem persönlichen Willen vorangeht, ihn steuert und lenkt, haben wir doch die Möglichkeit, etwas zu tun. Nicht in Form einer Handlung, sondern einer Haltung, einer Gesinnung, die darüber entscheidet, welcher Wille erfüllt wird.

Der Aspekt der Wahl ist uns allen nur an einem Punkt möglich. Im Alltag wird Intention hinter den Handlungen vermutet. Rein oberflächlich betrachtet und abhängig von der Bereitschaft, sich selbst gegenüber die Beweggründe des Tuns einzugestehen, können Unmengen verschiedener Facetten ausfindig gemacht werden. Da kommen wir im einen Fall vielleicht zu der Einsicht, dass wir etwas getan haben, nur um unser Gewissen zu beruhigen. Im anderen Fall gestehen wir uns ein, dass wir uns von unseren Taten einen Vorteil erhofft hatten oder die Zuneigung eines anderen Menschen gewinnen wollten. Vielleicht wollten wir uns auch einfach nur die Zeit vertreiben oder unsere Fähigkeiten unter Beweis stellen. All dies jedoch bewegt sich eher im Bereich der Motivation, weniger der Intention.

Welche Intention sich aber auf einer noch tieferen Ebene durch unser gesamtes Leben zieht, damit konfrontieren wir uns nicht direkt. Wenn wir es tun, stellt sich die Frage: Wem diene ich grundsätzlich? Diene ich der Individualität, dem Ego oder dem Selbst der Einheit oder wie auch immer Sie das für sich benennen wollen? Lebe ich nach dem göttlichen oder dem persönlichen Willen und können beide überhaupt voneinander unterschieden werden? Letztlich ist eine persönliche Handlung immer auch in den Willen Gottes eingebettet, da eine Person ja nur so handeln kann, wie es ihr gegeben ist.

Kein Mensch kann sich anders verhalten, als er sich nun einmal verhält, auch wenn wir das wollen, erhoffen oder uns wünschen. Solange er einen starken Ich-Bezug hegt, wird er vor allem seinen Gewohnheiten und Neigungen nachgehen, seine »Programme«, die seit jeher an ihm haften, weiterführen. Je bewusster ein Mensch wird, umso klarer wird ihm, dass er bewusst nichts tun kann, das nicht auch Gottes Wille ist.

Warum? Weil er nicht der Handelnde ist, selbst wenn er es ist, der die Handlungen ausführt. Dies erkennend, bleibt ihm die Wahl, sich nach innen zu wenden. Tut er das, ändert sich seine Haltung und seine Gesinnung. Ändern sich Haltung und Gesinnung, ändert sich auch die Sicht, so dass diese innere Veränderung automatisch die Gegebenheiten im Außen ändern wird. Durch diese Veränderungen, die mehr Offenheit mit sich bringen, wird der Mensch wie selbstverständlich zu anderen Handlungen geführt als zu jenen Zeiten, als er noch verschlossen war. Somit ist der freie Wille keine »Wahl«, sondern die Folge einer inneren Wandlung hin zum kosmischen Menschen.

Somit ist das, was wir wirklich eine Wahl nennen können, nur die, ob wir weiterhin die Identifikation mit Freud und Leid erleben wollen oder jene Zufriedenheit, die damit einhergeht, diese Identifikation zu durchschauen.

Lassen Sie uns nochmals den Unterschied zwischen Motivation und Intention beleuchten. Während die Motivation einer Handlung mehrere Gesichter geben kann, kennt die Intention nur zwei innere Beweggründe: Handle ich bewusst oder unbewusst? Motivation ist etwas anderes. Sie bringt die Gesinnung und Handlung einer Person miteinander in Zusammenhang. Die Energie der Intention hingegen entscheidet darüber, ob die jeweilige Person, und mit ihr alles andere, wahrgemacht oder durchschaut wird.

Damit dient die Motivation in jedem Fall (ob nun positiv oder negativ betrachtet) der Bekräftigung des Egos, während Sie es Kraft der Intention in der Hand haben, Ihr Ego zu durchschauen. Sollten Sie also daran interessiert sein, sich nicht länger an der Oberfläche Ihres

Lebens aufzuhalten, gilt es in die Tiefe Ihrer Intention vorzudringen. Nur dort haben Sie die Wahl zwischen Verdichtung und Erlösung.

EINSICHT: *Es ist der Moment, und zwar jeder einzelne, in dem sie diese Wahl haben. Immer entscheidet sich JETZT, wohin Sie blicken. Nun kann es sein, dass Sie sich im einen Moment auf die unendlich vielfältigen Erscheinungsformen der Welt ausrichten und sich im anderen Moment eher der Einheit aller Dinge anvertrauen. Dieser Wechsel der inneren Ausrichtung ist sogar sehr wahrscheinlich, und es mag Ihnen so vorkommen, als ob beides nicht miteinander vereinbart werden könne. Auch hier halten wir als Mensch also an Trennung fest. Wir glauben, entweder nur dies oder das leben zu können. Jedoch – beides zuzulassen, ohne es einordnen oder forcieren zu wollen, lässt eine Verschmelzung entstehen, die jegliche Trennung aufheben kann. Dies geschieht, wenn wir unser Leben dem Leben selbst übergeben und mit ihm fließen statt es formen und manipulieren zu wollen.*

Es ist klar, dass sich der individuelle Wille nur in der Welt der Vielfältigkeit entfalten kann. In dieser Welt halten wir uns auf, wenn wir uns damit identifizieren, was wir denken, feststellen, fühlen und wie wir handeln. Wir können uns aber auch in dieser Welt aufhalten, ohne uns an sie zu binden und ohne aufsteigenden Gedanken allzu viel Beachtung zu schenken. Wir können völlig unberührt von allen Bewegungen des Lebens mittendrin stehen und es in vollen Zügen genießen, ohne uns davon abzuwenden oder vereinnahmen zu lassen.

Ja, es ist tatsächlich so, dass wir uns dort aufhalten, wohin wir denken. Das »Hindenken« erschafft das, was wir unser Leben nennen. Wenn Sie die Augen schließen und nichts denken, wo ist dann die Welt? Sie wissen vielleicht, dass sie da sein muss, weil sie sich ja eben noch mit ihr identifiziert haben, aber das ist noch lange kein Beweis für ihre Existenz. Sie erinnern sich? Alles, was wir über die Sinne wahrnehmen, ist im begrenzten Weltenraum, dem dualen Feld der Materie, vorhanden, und all das sind nichts anderes als Erscheinungen. Die Realität selbst hat keine Formen, wie also sollte die Welt real sein?

Wir halten uns dort auf, wo Verdichtung stattfindet, die uns dann innerhalb eines Körpers an Raum und Zeit bindet. In dem Moment, da wir uns darüber hinaus mit dem Körper identifizieren, uns als diesen Körper betrachten, sind wir auch mit Raum und Zeit identifiziert und glauben, einen freien Willen zu haben. Wir fangen an, uns Ziele zu setzen, sie Schritt für Schritt zur Erfüllung zu bringen oder eben auch wieder von ihnen abzulassen, ganz so, wie es unseren Vorstellungen entspricht. Möglich, dass sich irgendwann die Frage stellt, ob man sich als menschliches Wesen nicht automatisch mit diesem Wesen identifiziert. Ja, und das muss auch so sein, bis wir eines Tages die Chance ergreifen, uns aus dieser Identifikation lang-

sam und mit viel Geduld zu lösen, indem wir das Spiel des Lebens durchschauen.

Es gilt zu erkennen, dass wir als Menschen zwar in einem Körper leben, aber noch viel mehr sind als das. Wir sind universelles Bewusstsein, das sich durch den Körper ausdrückt. Somit sind wir beides: Mensch und göttliches Bewusstsein zugleich, wobei wir das Mensch-sein eines Tages ablegen werden. Was weiterhin bleibt, immer war und sein wird, ist die Essenz. An dieser wird sich nie etwas ändern, da sie immer unsere eigentliche formlose Form bleiben wird.

Es geht also nicht darum, nicht mehr Mensch sein zu dürfen, sondern menschlich zu sein. Bewusst und mit Verantwortung als Mensch zu leben und nach und nach zu entdecken, dass der Körper nur als Werkzeug dient, wir aber das sind, was ihn auf der Erde (so unendlich real) erscheinen lässt.

In Schritten zu denken offenbart, auf welcher Ebene wir uns bewegen. Schritte sind nur innerhalb von Raum und Zeit und damit auf der Ebene verdichteter Individualität möglich. Wenn Verdichtung und damit Individualität nur als Illusion im Bewusstsein erscheint, geht daraus hervor, dass auch zeit- und raumgebundene Etappen lediglich etwas Illusionäres sein können. Ist der freie Wille dann auch nur etwas, das in unserer Vorstellung existiert? Nun, dies gilt es herauszufinden oder davon abzulassen.

Wir könnten damit aufhören, uns etwas, vor allem aber Autonomie, zu beweisen und sie stetig wahrmachen zu wollen. Anstatt dessen könnten wir, in Anerkennung von Individualität, die Entscheidung zugunsten reiner Wahrnehmung zulassen und uns dem Einheitsbewusstsein anvertrauen.

Sie werden merken, dass wir uns tatsächlich an einem Dreh- und Angelpunkt befinden und sich das Ego gleichermaßen dreht und an der Angel windet, um vom Haken zu springen. Es möchte natürlich nicht entlarvt werden, schon gar nicht an seiner empfindlichsten Stelle, die mit Sicherheit der freie Wille ist. Das Ich will tun, was es will, entscheiden, was es will, und bekommen, was es will. Es weiß aber nicht, dass es in Wirklichkeit über kein Wunschpotenzial verfügt und dass das Leben sein eigenes Drehbuch hat. Dass sich mit jedem Wollen und jedem Gedanken das Drehbuch ändert, weiß es auch nicht, sonst würde es dies lassen und das Drehbuch nicht freiwillig »verschlechtern«. Dies geschieht nämlich, wenn der Wille auf Biegen und Brechen gegen den Lebensstrom ankämpft, wobei das Ego immer nur der Verlierer sein kann.

Es ist also sicher nicht im Sinne eines Ichs, dass etwas durchschaut wird. Dass es zwar einen freien Willen gibt, dieser aber bislang nie in die Freiheit (in die Überwindung von Identifikation und Verdichtung) geführt hat, soll vertuscht werden. Um dies gekonnt zu verhindern, wurde der Begriff der Schuld erfunden, dessen sich auch Regierungen und Religionen bedienten, um Menschen gefügig zu machen.

Wenn der Mensch wirklich erkennt, dass es so etwas wie Schuld nicht gibt, ist er frei. Einen freien Menschen kann man nicht manipulieren, einengen und in irgendwelche Schranken weisen, er lässt sich nicht beirren. Solche Menschen sind von keiner Struktur oder Gesellschaftsform gewollt, weil sie sich nicht beeinflussen lassen. Solche Menschen sind nicht nützlich. Man kann sie nicht benutzen und ausnutzen, und somit sind sie unerwünscht.

Das mag nun etwas gewagt klingen. Doch wer etwas wagt, wird seine Selbstständigkeit zurückgewinnen und sein Leben mit Rückgrat und Respekt meistern.

Nehmen wir einmal an, dass an einem bestimmten Punkt in Ihrem Leben alles nach Ihren Vorstellungen läuft. Was sagen Sie dann zu sich selbst? Nun, es könnten Sätze sein wie: »Hab ich das nicht gut hinbekommen? Genau so hatte ich mir das gedacht.« Sätze dieser Art weisen zum einen darauf hin, dass so etwas wie individueller Wille real existent ist, und zum anderen, dass er einer Art Leistung gleichkommt, die einem Menschen Erfolg im Leben beschert. Um genau dies zu bestätigen und wahrzumachen, erzählen wir anderen von unseren Errungenschaften oder klopfen uns innerlich auf die Schulter. Der eigene Wille, eigene Vorstellungen vom Leben haben sich durchgesetzt, und das gilt es zu feiern, festzustellen und hervorzuheben.

Wer hört es nicht gerne oder sagt es sich nicht auch selbst schon mal: *Ich bin gut!*

Wie aber reagieren wir, wenn ein Problem auftaucht? Wo ist da unser Wille? Hat er versagt? Nein, laut Ego kann das nicht sein. Wir haben etwas gewollt, und es ist nicht eingetroffen. Oder es ist etwas eingetroffen, das wir nicht gewollt haben. Was ist geschehen? Hatte der freie Wille in dieser Zeit Urlaub?

Den einzigen Gedanken, den das Ego in solchen Momenten zulässt, ist der, dass sich uns etwas in den Weg gestellt haben muss, dass jemand schuld sein muss. Wenn wir niemanden finden, sind wir es wohl schlussendlich selbst. Leider! Einen Schuldigen muss es ja geben, oder es muss zumindest ein Grund gefunden werden.

Diese Denkweise ist menschlich, etwas albern zwar, aber offenbar in uns verankert. Niemals würde das Ego auf die Idee kommen, dass ein unangenehmes Ereignis absolut in Ordnung ist und keiner Korrektur bedarf. Denn – immer wenn ein Problem auftaucht, fühlt sich der freie Wille des Egos in Frage gestellt.

Nun spüren Sie doch bitte einmal in sich hinein und erfassen die Antwort auf die Frage, was Ihrer Ansicht nach ein Problem ausmacht. Schon allein die Frage an sich könnte für Ihr Ego sehr bedrohlich wirken. Immerhin lebt es ja geradezu von Problemen, da die Aufmerksamkeit meist auf das gerichtet wird, was aus seiner Sicht nicht in Ordnung ist. Wenn es darüber hinaus mit Hilfe Ihrer

Aufmerksamkeit das Problem auch noch lösen will, so bestätigen Sie nicht nur das Problem, sondern erlauben dem Ego, Ihr Chef zu sein.

Tatsächlich aber ist es so, dass das Ego Sie im Griff hat, wenn Sie nicht erkennen, dass es nicht das passende Werkzeug dazu ist, um Probleme zu lösen. Warum? Weil das Ego Probleme verursacht. Das identifizierte Ich ist der Bauherr von Problemen. Ohne ihn würde es erst gar keine Problembaustellen geben. Wenn also das Ich Probleme erschafft und sich dessen gar nicht bewusst ist, wird es sicher nicht daran interessiert sein, das aufzudecken. Schließlich lebt es von Problemen, Krisen und Unstimmigkeiten. Gäbe es die nicht, wäre es arbeitslos. Es ist ja immer nur mit sich selbst beschäftigt.

Es kann sein, dass Ihr Ego Sie auf die Frage hin, was überhaupt ein Problem ist, in die Irre führen möchte. Lassen Sie sich daher nicht allzu schnell mit einer vertrauten Antwort abspeisen. Lassen Sie auch andere Gedanken zu, die mit auftauchen, vom Lärm des Egos aber übertönt werden. Antworten auf derartige Fragen sind immer einfach. Im Grunde genommen sind es keine Antworten, sondern stille Boten der Selbstoffenbarung. Ohne großes Aufhebens lassen Sie uns wissen, was Sache ist. Mit ihrer unbestechlichen Klarheit reißen sie dem Ego die Maske vom Gesicht und machen die Sicht frei auf das, was dahinter liegt: Leere.

Mit dieser Leere konfrontiert zu werden, behagt uns nicht, und so sind wir eher dazu geneigt, dem Ego zu glauben. Dem zu glauben, was wir denken, was andere denken und sagen. So folgt die blinde Kuh der Herde, und der Autofahrer landet an Nebeltagen in der Garage des Vordermannes, weil er sicherheitshalber den Rücklichtern gefolgt ist. Aber wollen wir dorthin, wo uns das Ego hinführt? Ist eine Sackgasse voller Kummer, Sorgen und Leid wirklich das, was wir wollen? Ja, das Ego will das! Sie als Selbst wollen das sicher nicht. Sie wollen endlich frei sein, sind es schon und haben es nur noch nicht realisiert.

Wer frei sein will, kann aber nicht so weitermachen und nebenbei ein wenig frei sein. Wer wirklich den Weg in die Freiheit wagt, der muss sich an einer Weggabelung für eine Richtung entscheiden. Dieses Bild dient übrigens nur einem besseren Verständnis. Wir wollen ja nicht wieder in die Dualität und Unterscheidung eintauchen. Also: Forschen wir nach innen, oder trödeln wir weiterhin nur im Außen herum?

Auf der Grundlage der persönlichen Überzeugung ist jedoch ein Problem etwas ganz und gar Handfestes und alles andere als ein Hirngespinst. Das Ego wird uns daher weiterhin einreden, dass wir doch jemand seien und alles in der Hand hätten, was in unserem Leben geschieht. Gar nichts haben wir. Wir haben nicht mal einen Körper. Nichts gehört uns. Was wir haben, ist eine Halluzination, und zwar die einer einzelnen lebenden Person auf dem Planeten Erde.

EINSICHT: Hören Sie gut hin und erkennen Sie, dass ein Problem nichts anderes ist als eine unerfüllte Vorstellung, entstanden in unserem Gehirn. Ob nun bewusst oder unbewusst, wir waren von einem bestimmten Szenario ausgegangen, das sich nicht bewahrheitet hat.

Auf diese Tatsache sind wir weder vorbereitet, noch wollen wir davon hören. Wir möchten lieber auf rosa Wolken schweben, alle Annehmlichkeiten des Lebens kerngesund nutzen, gesund und heiter sein, und wenn möglich für immer. Nebenbei möchten wir reich und einen gutaussehenden Partner haben, der uns auf Händen trägt. Sonst noch etwas?

Viele Menschen sagten früher in der Praxis oft zu mir: Warum sind alle glücklich, nur ich nicht? Sie waren sich nicht bewusst, dass sie einen Sekundenausschnitt eines anderen Lebens mit der Projektion Glück belegt hatten und es nur ihre Interpretation war, die andere als immer glücklich erscheinen ließ. Abgesehen davon wäre es völlig unnatürlich, immer »oben« zu sein, wo wir doch in der dualen Welt ständig einem »oben« und »unten« ausgesetzt sind. Diese Pole müssen sich ständig abwechseln, es kann gar nicht anders sein.

Dies lässt die Vermutung zu, dass auch ein bewusster Mensch nicht unweigerlich ein Leben führt, in dem alles glatt verläuft und alles wunderbar ist. Er erlebt genauso Momente, die wir als gut oder schlecht bezeichnen würden, lässt sich aber von äußeren Gegebenheiten nicht mehr beeinflussen. Er ruht in sich selbst und erfüllt die Welt mit seiner Präsenz. Er hat Eigenschaften wie Gier, Neid, Hass, Zorn und Wut hinter sich gelassen. Es kann durchaus sein, dass sie auftauchen, doch schenkt er ihnen keine Beachtung, so dass sie gleich wieder verebben.

Starrsinn und Bequemlichkeit sind ebenfalls Eigenschaften des Egos. Beides zusammen hat durchaus das Potenzial, als problematisch eingestuft zu werden. Niemand will so sein. Niemand will das hören. Möglich, dass schon eines für Sie nicht sonderlich charmant klingen mag. Seien Sie sich aber bewusst, dass dieser Einwand auch wieder nur aus dem Ego kommen kann. Der Begriff des Charmes kommt aus dem Lateinischen und heißt so viel wie Lied, Gesang. Wenn jemand charmant ist, so hören Sie ihm gerne zu, sind fasziniert von ihm, wie Odysseus von den Sirenen fasziniert war. Das Ego ist solch eine Sirene, und wenn Sie durchschaut wird, fühlen wir uns ernüchtert. Auf dem Boden der Tatsachen angekommen, versuchen wir gleich wieder unser Krönchen zurechtzurücken, aber etwas hat uns wachgerüttelt und wird es immer wieder tun. Die Kraft der Liebe hat nichts gemein mit dem Irrlicht des Charmes, und während dieser sehr flüchtig ist, ist das Wesen von Liebe die Geduld.

Um nun aber diese Ausführungen über die Wirkungsweise des Egos zu einem krönenden Abschluss zu bringen, dürfte der Gedanke und das Phänomen Schuld jetzt wohl leichter nachzuvollziehen sein. Ausgehend davon, dass wir als Individuum daran glauben, dass sich das Leben unserem Willen zu beugen hat, wird die Erfüllung dieser Annahme als positiv, als angenehm, kurz als Bestätigung erlebt. Alles, was davon abweicht, erscheint uns problematisch und damit unangenehm. Gleichzeitig wissen wir, dass alles, was passiert, dem Ursache-Wirkungs-Prinzip unterliegt. Alles hat also einen Grund, und wenn sich etwas als Glück herausstellt, so glauben wir, muss dem auch ein glücklicher Umstand zugrunde liegen. Während wir alles, was erfreulich ist, nur allzu gerne mit uns in Zusammenhang bringen, weisen wir alles Unerfreuliche von uns und betiteln es als Unglück.

Gerne komme ich an dieser Stelle nochmals auf die Schuld zurück. Was den Begriff der Schuld betrifft, so wird er eindeutig mit Unglück verknüpft. Niemals würden wir auf den Gedanken kommen zu sagen, wir seien selbst an unserem Glück Schuld. Eher sagen wir, wir tragen an unserem Unglück selbst die Schuld. Doch wer gibt sich schon gerne selbst die Schuld, auch wenn dies häufiger vorkommt, als wir denken oder uns bewusst ist?

Stellen Sie sich vor, Sie hätten eine Prüfung bestanden. In diesem Fall fiele es Ihnen wahrscheinlich leicht zu denken, Sie hätten nun einmal das Zeug dazu gehabt. Wäre es aber umgekehrt ebenso selbstverständlich anzunehmen, dass Sie das Zeug zum Bestehen der Prüfung *nicht* hatten? Eher nicht, es sei denn, Ihr Ego nährt sich am Glauben an die eigene Unfähigkeit. Wenn Ihr Ego also vor allem davon lebt, dass Sie daran glauben, Sie würden im Leben keinen Fuß auf den Boden bekommen, wäre es glatter Hochverrat, wenn Sie annehmen, jemand anderes als Sie selbst hätte Schuld. Wenn Ihr Ego sie jedoch mit dem Glauben an Unfehlbarkeit im Griff hat, so liegt es nahe, dass Sie die Schuld an anderer Stelle nicht nur vermuten, sondern auch vermeintlich dort finden.

In beiden Fällen behält das Ego Recht. Darum geht es. Das Ego will partout seinen Willen durchsetzen, auch auf die Gefahr hin, dass Sie entweder sich selbst oder andere Menschen fortwährend mit dem Gedanken an Schuld belasten. Gefangen in der Identifikation mit dem Ego greifen wir folglich auf das letzte, aber sehr wirkungsvolle Mittel zurück – den Schuldspruch.

Unser Wille wurde nicht erfüllt, also gilt es den Schuldigen zu finden und ihn zu bestrafen. Wenn wir uns selbst für schuldig befinden, verhängen wir die Strafe über uns selbst, ansonsten über andere. Ob wir dabei zu Kavaliersdelikten oder Kapitalverbrechen greifen, macht moralisch gesehen zwar einen Unterschied, verfolgt aber in jedem Fall ein Ziel: das Anrecht des Egos auf die Krone. Dieses Recht soll wahrgemacht werden.

Wenn Sie also an Schuld glauben, glauben Sie an das Ego. Wenn dem so ist, glauben Sie auch, dass Sie ein Anrecht darauf haben, dass alles nach Ihrem Willen geschieht. Genau dieser Glaube ist es, der alles, was Sie im

Leben tun oder lassen, rechtfertigt und wahrmacht. Auch wenn Abneigungen gegen die Worte in diesem Buch spürbar sind, der Verstand gegensteuert und das Ego rebelliert, Sie sind mit diesen Widerständen nicht allein. Kein Ego der Welt will das hören, doch die Herzen hören hin und setzen sich eventuell durch, damit wir endlich die Innenreise antreten, um uns selbst zu entdecken.

Innerhalb von Zeit und Raum wird die Idee der Trennung von Schritt zu Schritt immer ein wenig glaubwürdiger gemacht. Wahrnehmung verdichtet sich, wird als immer konkreter erlebt und bekommt eine Eigendynamik. Von Mal zu Mal wird sie aufs Neue bekräftigt und wahrgemacht, bis wir jetzt am Höhepunkt der vermeintlichen Wahrheit angekommen sind. Möglich, dass Sie nun jedoch nicht mehr an diese Wahrheit glauben, die es in Wahrheit gar nicht gibt, sondern die womöglich eine Illusion in unserem Bewusstsein ist. Oder doch?

Was jetzt als Abschluss dieser Schritte und zu Beginn Ihrer Entdeckungsreise zu sich selbst fehlt, ist der Schritt, sich seiner eigenen Situation bewusst zu werden und sich ihr ganz konkret zu widmen.

Der Schritt in die Krise ist der Schritt aus der Krise, wenn man die Illusion durchschauen kann.

ZUM REALISIEREN UND VERTIEFEN:
SCHRITT 1 BIS 5 – KOMPAKTWISSEN IM SCHNELLDURCHLAUF

Schritt 1 geht von der Einheit in die Trennung

Sie sind davon überzeugt, ein Individuum zu sein. Ich und du werden zur Realität.

Wenn Sie sich mit einer Situation, einem Menschen oder einem Gegenstand identifizieren, verlassen Sie ganz bewusst die reine Wahrnehmung und heben eine Situation, einen Menschen oder einen Gegenstand hervor. Damit machen Sie das Wahrgenommene wahr und nehmen eine Differenzierung vor. Sie benennen einen Aspekt, ein Puzzleteilchen, und dies tun Sie ganz bewusst. Dabei machen Sie sich auch selbst wahr und bestärken Ihre Identifizierung. Es entsteht eine Person, die wahrnimmt.

Nun macht der Bezug zu Ihnen als Individuum aus dem, was Sie wahrnehmen, ein Objekt. Etwas, aus dem

Sie Wasser trinken, wird zum Glas, zu einer Flasche oder zu einem Becher. Etwas, das Sie im Dunkeln sehen lässt, ist das Licht einer Lampe oder ein Kerzenschein. Etwas, das Sie außer Ihren Beinen dazu nutzen, um sich fortzubewegen, könnte ein Auto, ein Fahrrad, ein Zug, ein Bus oder sonst etwas sein.

Ganz offenbar hat damit alles, was wahrgenommen oder gedacht wird, immer einen Bezug zu demjenigen, *der* wahrnimmt und denkt. Folglich wird nicht nur das Wahrgenommene und das Gedachte, also das Objekt wahr gemacht, sondern auch das Subjekt, die wahrnehmende Person. **Auf diese Weise entsteht mit einem einzigen Gedankengang nicht nur eine Abkehr von der Einheit, sondern auch eine Trennung zwischen Subjekt und Objekt.** Damit aber noch nicht genug. **Dadurch, dass Sie sich selbst wahrmachen, machen Sie auch andere wahr, andere Subjekte. Die Trennung zwischen Ich und du ist geboren. Es hat eine Verdichtung von freier Energie stattgefunden, die Sie sozusagen eingefangen und begrenzt haben.**

Dieser erste Schritt beschreibt also das, was die Grundlage für alle weiteren Schritte bietet, die Abkehr aus der All-Einheit, **die erste Differenzierung**, die erste Krise, das Wahrmachen von Trennung. Dieser Vorgang ist schon immer vollzogen, wenn Sie etwas sehen und es definieren, wenn Sie etwas hören und es definieren, aber auch, wenn Sie etwas denken und es geistig erfassen. In den meisten Fällen wird aus dieser Anfangskrise nicht gleichzeitig eine Krise, die als solche empfunden wird. Dazu braucht es noch der nächsten Schritte, denen der Feststellung, der Emotionen und so weiter ... auch des Schrittes zur Verdichtung.

Sie sind es, die etwas tun oder eben auch nicht. Sie können einen Schritt nach vorne gehen, Sie können einen Schritt zurückgehen oder aber stehenbleiben. *Sie* treffen die Entscheidung.

Um diesen ersten Schritt konkret nachvollziehen zu können, ist stehenbleiben und innehalten angesagt. Gönnen Sie sich, wenn Sie sich bisher noch nicht die Zeit genommen haben, zumindest jetzt die Muse, sich diesen Vorgang zu vergegenwärtigen. Das ist kein Leichtes, da der Verstand es vielleicht gar nicht nachvollziehen kann. Muss er auch nicht. Versuchen Sie es nicht zu verstehen, sondern es aus einer tieferen Sicht zu erfassen.

Schritt 2 verliert sich in Gedanken

Sie sind von dem überzeugt, was Sie denken. Das Gesehene wird interpretiert.

Im ersten Schritt in die Krise haben Sie sich mit reinen Begrifflichkeiten befasst, mit Objekten und mit Subjekten. Man könnte auch sagen, Sie haben sich mit den Hauptdarstellern Ihrer Krisensituation an einen Tisch gesetzt.

Mit Ihnen selbst, mit anderen Menschen und mit den jeweils relevanten Umständen. Ob diese nun im Gewand eines Menschen, eines Tieres, einer Pflanze oder eines Gegenstandes auftraten, spielt hier keine Rolle. Es ging einfach nur darum zu erkennen, dass Einzelheiten, die von Ihnen auf der vermeintlichen Lebensbühne als solche identifiziert werden, eine Trennung und eine Verdichtung erschaffen. Durch Trennung entfernen wir uns von uns selbst. Ich-Bezogenheit nimmt ihren Lauf.

Der zweite Schritt vollzieht sich nun dadurch, dass diese Hauptwörter mit Adjektiven belegt werden. Dabei ist vor allem ein Kriterium sehr wichtig! Wenn Sie zu Forschungszwecken eine Situation in Ihrem Leben als Beispiel nehmen, versuchen Sie bitte die Adjektive zu finden, die für Sie *vor* der weiteren Entfaltung der Krise Gültigkeit hatten. Mit anderen Worten, denken Sie ein wenig zurück und erinnern Sie sich an Überzeugungen, die Sie hatten, bevor etwas aus der Balance gekommen ist.

Beispiel: Sie wurden von Ihrer Familie zutiefst verletzt. Das Vertrauen ist dahin. Sie haben sich zurückgezogen und leiden unter der Situation. Nun, wie haben Sie zuvor über Ihre Familie gedacht? Nehmen wir als Person den Vater. Wie haben Sie ihn gesehen? Welche Eigenschaften haben Sie auf ihn projiziert? Welche Meinung hatten Sie sich zurechtgelegt? Gab es Sätze wie: »Er wird mich nie verstehen. Er hat mich nie geliebt. Ihm kann man nicht vertrauen. Ihm kann man nichts Recht machen«?

Vielleicht kam da aber auch, wenn Sie ihn nur in gewissen Situationen gesehen haben, ein: »Er geht so grob mit Mutter um. Er ist so zornig und aggressiv. Wie kann man nur so eigenbrötlerisch sein?« Was diese Sätze heraufbeschwören und in welcher Form sie sich in Raum und Zeit manifestieren, wissen wir nicht, sonst würden wir niemals so etwas denken.

Doch haben wir so unsere Prägungen und bringen ja auch eigenen Ballast mit, der uns durch die Ich-Bezogenheit einfach nicht anders handeln lässt.

Im ersten Schritt war es der Trennungsgedanke: Ich-Kind, Du-Vater, der uns aus der Einheit in die Vielfalt manövrierte. Darauf folgten im zweiten Schritt Gedanken, Annahmen und Spekulationen, die uns eine individuelle Sicht auf einen Menschen projizieren ließen. Wenn Sie das aufmerksam lesen, erahnen Sie, dass sich hier etwas zusammenbraut, das irgendwann in einer Krise münden muss.

Nur selten sind es die Begebenheiten an sich, die wir als Krise erleben. Wesentlich häufiger ist es die Erkenntnis, dass unsere Erwartungen nicht aufgegangen sind und mit ihnen unsere Wünsche, Bedürfnisse und der Umstand, dass sich alle daran geknüpften Vorhaben ebenfalls nicht erfüllt haben. Wir spüren einen Schmerz, den stechenden Schmerz von Enttäuschung und Bitterkeit, der alle unguten Vorahnungen bestätigt. Und wir spüren damit einhergehend eine tiefe Irritation.

Überlegen Sie sich einmal, welche innere Haltung Sie hatten, als eine unangenehme Situation auf Sie zugekommen ist. Welche Feststellungen trugen Sie als Grundannahmen, als Erwartung in sich, bevor die Krise später ihren Lauf nahm? Welche Überzeugungen hatten Ihnen bis zu diesem Zeitpunkt, wenn auch unbewusst, einen gewissen Halt gegeben?

War der Ehepartner zum Beispiel bis dato immer wunderbar, die Kollegin zuverlässig, Ihr Kind zweifelsfrei aufrichtig, der Hund der treueste Weggefährte, die Gesundheit immer selbstverständlich, die finanzielle Situation abgesichert und das Leben Ihnen insgesamt wohlgesonnen? Wohl eher kaum. Trugen Sie vielleicht negativ besetzte Meinungen und Vorstellungen von Gott und der Welt in sich? Es geht nicht darum, wie Ihre Bewertungen ausfallen, sondern DASS Sie überhaupt bewerten!

Das Prinzip aller Urteile besagt, dass diese das Potenzial haben, aus einer konkretisierten Wahrnehmung eine Feststellung zu machen, womit alle Aspekte, die an dieser Beurteilung beteiligt sind, wahrgemacht werden. Somit wird die Illusion als Trennung wahrgemacht, also für real erklärt und zum Erfahrungsfeld für Krisen bestimmt! Es gibt nur in der Illusion Krisen, deshalb lohnt es sich, sich aus voller Kraft zu desillusionieren.

Es ist durchwegs kein leichtes Unterfangen, sich nicht von seinen Gedanken einfangen zu lassen, die unmittelbar mit Feststellungen verknüpft sind. Sie liegen geradezu auf der Lauer und warten nur darauf, dass Sie Ihnen Beachtung schenken.

Schritt 3 macht Emotionen wahr – die Krise wird spürbar

Sie sind von dem überzeugt, was Ihnen Gefühle beschert. Sie geben Ihren Emotionen einen Grund.

Nicht erst beim dritten Schritt in die Krise haben Sie den Kontakt zur Mitte verloren. Doch genau dieser Schritt lässt es Sie am eigenen Körper spüren, weil es um Gefühle geht. Wohlgemerkt befinden wir uns bei Schritt 3 immer noch auf dem Weg in die Krise. Je intensiver Sie sich mit der Entstehung der einzelnen Schritte befassen, umso klarer werden Ihnen die Zusammenhänge sein.

Mit etwas Tiefgang, Zeit und Geduld können wir danach forschen, was uns eigentlich genau aus der Mitte gebracht hat. Manchmal glauben wir ja, dass es mehrere Faktoren sind, die das Fass zum Überlaufen bringen, und doch gibt es immer einen einzelnen Tropfen, der letztlich dafür entscheidend ist.

Welcher war das bei Ihnen, wenn Sie an eine bestimmte belastende Situation denken? War es zum Beispiel eine tiefe Empörung darüber, wie sich der eine oder andere Mensch in Ihrem Umfeld verhalten hat? Oder fühlten Sie sich von der Situation, in der Sie sich befanden, bedroht und ihr gegenüber ohnmächtig? Vielleicht war es die Entdeckung, dass Sie sich in dieser Krise sehr einsam fühlten? Oder war es etwas ganz anderes?

Seien Sie mutig, aber seien Sie auch behutsam auf Ihrer Entdeckungsreise und finden Sie heraus, was Sie aus dem Tritt gebracht hat. Entdecken Sie das Gefühl, das damit einherging, und machen Sie sich bewusst, welche Feststellung Sie anhand dieses Gefühls wahrgemacht haben.

Möglich, dass sich dies alles nicht unmittelbar zu erkennen gibt. Es kann allerdings sein, dass Ihnen, wenn Sie das Buch zuklappen und sich wieder dem Alltag zuwenden, ganz unverhofft und ohne groß darüber nachzudenken, auf einmal klar wird, was es war. Je intensiver Sie zu einem gewissen Zeitpunkt etwas belastet hat, desto offensichtlicher werden Sie sich an die Gefühle erinnern können.

Je mehr Sie sich von Ihren Gefühlen haben mitnehmen lassen, desto stärker wurden auch die entsprechenden Feststellungen und Überzeugungen wahrgemacht. Gefühle erklären somit etwas zur Realität, was der Trennungsgedanke durch das Bezugnehmen und durch alle nachfolgenden Gedankengänge schon taten.

Auch wenn Sie die Dinge emotional unterschiedlich wahrnehmen, kann dennoch der Grad der Identifikation von Situation zu Situation variieren. Sie kennen das sicherlich. Manches berührt Sie kaum, anderes hingegen lässt Sie sofort aufbrausen. Je mehr Sie sich in etwas verbeißen, desto schneller werden Sie wahrscheinlich auch zu der Überzeugung gelangen, dass Ihnen mit dem, was Ihnen da widerfährt, Unrecht geschieht. Der Mensch geht davon aus, ein Anrecht auf Gerechtigkeit zu haben, wobei Gerechtigkeit letztlich auch nur einer individuellen Sicht entspringt.

Sich für das eigene Recht stark zu machen, lässt uns tätig werden. Es muss geradezu eine Handlung erfolgen – zumindest aus der Sicht des Egos. Einfach so zuzulassen, dass Ihnen Unrecht geschieht, würde das Ich nie gestatten. So könnte durchaus klar werden, wie es zu regelrechten Gerechtigkeitsfeldzügen kommen kann. Im felsenfesten Glauben daran, im Recht zu sein, dass uns Unrecht widerfährt, machen wir im selben Moment jede vorausgegangene Trennungsidee wahr. Das dürfte nun bereits mehrfach deutlich geworden sein, dennoch gilt es, dies immer wieder in Erinnerung zu rufen. Wenn das Wort Gerechtigkeit fällt, kommt kaum jemand auf den Gedanken, dass durch den Gerechtigkeitssinn die Identifikation mit der Trennung verankert wird.

Die Trennungsidee wird aber gerade durch den Gerechtigkeitssinn nochmals verstärkt, und Trennung

bedeutet, wie Sie nun schon wissen, der Krise entgegenzugehen. Es bedeutet, sich in Richtung Krise zu bewegen, obwohl dort eigentlich niemand hin will. Nach der Identifikation mit Wahrgenommenem, also mit Subjekt und Objekt (Schritt 1), erfolgt die Bestätigung der Trennungsidee durch eine Feststellung, durch einen hinzugefügten Gedanken, einen, der einordnet und bewertet (Schritt 2). Danach reagieren wir mit einem Gefühl (Schritt 3).

Noch einmal: Was lässt uns eigentlich glauben, dass irgendetwas nicht in Ordnung ist?

Es ist der Glaube an Trennung, also der erste Schritt, der den Gang in die Krise eröffnet, der uns dies glauben lässt. Denn wie könnte innerhalb der Einheit irgendetwas nicht in Ordnung sein? Lassen Sie sich nicht einreden, dass etwas nicht in Ordnung ist, und reden Sie sich vor allem nicht ein, dass Sie etwas in Ordnung bringen müssten. Es ist alles gut wie es ist, sonst wäre es nicht so. Das Ego muss mit einem Vorgang oder Zustand bei Weitem nicht einverstanden sein. Nur weil es mit etwas nicht einverstanden ist, heißt das noch lange nicht, dass Sie es ändern müssen. Folgen Sie nicht Ihren Gedanken und Zweifeln, sondern gehen Sie Ihren Gefühlen auf den Grund.

Schauen Sie hin, *wann* sie entstanden sind, *was* sie ausgelöst hat und *wo* sie ihren Ursprung haben. Erkunden Sie außerdem, was davor stattgefunden hat. Finden

Sie heraus: Welche Gedanken haben Sie verfolgt, und von welchen Überlegungen haben Sie sich in die Irre führen lassen? Wann begannen Sie, die Dinge getrennt zu betrachten? Sie werden sehen, es war vor dem Fühlen und vor dem Denken.

Es geht nicht darum, dass Sie all das jetzt analysieren oder verstehen sollen. Setzen Sie sich einfach damit auseinander und lernen Sie sich neu kennen. Schauen Sie hin, wie Sie funktionieren, und wenn Sie das durchschaut haben, wird es Ihnen gelingen, mitten in der Krise auch vermeintliche Belastungen zu durchschauen. Frei von Gedanken und Gefühlen werden Sie einfach nur betrachten, was da geschieht, und sich nicht mehr davon beirren lassen. Krise ist dann nur noch ein Wort.

Schritt 4 geht in die Handlung über – die Krise wird geboren

Sie glauben, der Handelnde zu sein, und tun Dinge aufgrund der Annahme, was Sie als falsch oder richtig betrachten.

Wie bereits angedeutet, sind auch Worte schon Taten. Tatsächlich kann davon ausgegangen werden, dass Gedanken, die zwar nicht ausgesprochen, aber dennoch an jemanden gerichtet sind, beim Betroffenen starke Irritationen hervorrufen können.

In den meisten Fällen merken wir es nicht, denn Absender und Adressat müssen sich dazu nicht im gleichen Raum aufhalten. Etwas offensichtlicher wird ein zielgerichteter Gedanke, wenn wir den Blick von jemandem auffangen und genau zu wissen glauben, was dieser Mensch nun über uns denkt.

Ich sage bewusst zu wissen glauben, denn zu unserem Empfinden kommen leider wieder Gedanken hinzu, die die Situation zu interpretieren suchen.

Da sitzen wir zum Beispiel in einem Restaurant. Jemand sieht uns an. Wir fangen einen Impuls auf und fühlen uns unwohl. So, hier sollte die Situation eigentlich enden, wenn wir nicht in Richtung Krise gehen wollen.

Doch genau hier fängt es für den denkenden Menschen erst so richtig an.

Im Restaurant sitzt jemand neben uns, zu dem wir sagen: »Hast Du das gesehen, wie der mich angesehen hat? Ich weiß genau, dass der etwas von mir will.« Nach den Verdichtungen, die bereits über die Identifikation mit der eigenen Wahrnehmung, mit interpretierenden Gedanken und dem Gefühl von Unwohlsein vollzogen wurden, kommt es also zu einer weiterführenden Verdichtung dadurch, dass wir darüber Worte verlieren. Der neben uns sagt dann: »Ja, da musst du dich hüten, der will von allen Frauen was.« Oha. Wir werden also in unserer Identifikation bestätigt, wodurch die *Verdichtung* ihren Lauf nimmt. Auf diese Weise spitzt sich das Ganze zu, ausge-

löst durch einen harmlosen Blick, von dem Sie sich strei-
fen und in die Trennung locken ließen.

An diesem Beispiel wird klar, wie schwierig es ist, nicht
zu reagieren. Nun müssen wir nicht immer gleich auf der
Hut sein, was wir tun, denken und sagen. Es geht aber
darum, diese Vernetzungen zu erkennen, zu durchschau-
en und sich bewusst zu werden, wie spätere Unannehmlichkeiten gezüchtet werden, ohne dass wir uns dessen
bisher überhaupt bewusst gewesen wären.

Im Restaurant geht es noch weiter. Der Mann steht nämlich auf und kommt auf uns zu. Vielleicht wollte er nur
vorbeigehen, weil er zur Toilette musste, doch er stolpert
genau in dem Moment, in dem er auf gleicher Höhe mit uns
ist. Man könnte nun denken, dass dieser Mann sehr unge-
schickt ist, oder auch, dass er es darauf angelegt hat, ins
Gespräch zu kommen. Letztlich können wir denken, was
wir wollen. Fakt ist, es ist alles nur eine Vermutung. Indem
wir sie aussprechen, sie aus unserer Überzeugung heraus
wahrmachen und als real annehmen, wird die Verdichtungs-
kette wieder ein neues Glied dazubekommen.

Haben wir nicht schon genug Glieder angesammelt?
Müssen es jeden Tag gleich Hunderte sein? Würden nicht
auch zehn oder zwanzig davon ausreichen?

Aus Unwissenheit und aus einem groben Irrtum heraus
betrachten wir all diese Kräfte wie Gedanken, Gefühle,
Worte und Taten nicht als das, was sie sind. Wir gehen
sehr salopp mit ihnen um und sind uns, auch wenn wir

zum Beispiel um die Kraft der Gedanken wissen, nicht einmal ansatzweise ihrer Wirkung bewusst. Sich dessen bewusst zu werden, würde unsere Unachtsamkeit in vielen Bereichen unwillkürlich zügeln.

Wir hinterfragen es dann, wenn wir in Gedanken oder auch mit Worten jemandem an die Gurgel gehen. Wir glauben auch nicht mehr, uns in Gedanken einfach so austoben zu können, ohne dass dadurch jemand zu Schaden kommt.

Fragen Sie sich selbst: Welche Erfahrungen mache ich mit mir? Wie geht es mir, wenn ich wieder einmal gedanklich aushole und an mir selbst kein gutes Haar lasse? Nun, die Redewendung bringt die Antwort ja bereits bildlich näher: Sie reißen sich die Haare aus. Mit anderen Worten könnte man sagen, dass Sie sich selbst die Kraft rauben. Eine andere Redewendung wird sogar noch um einiges deutlicher, wenn die Rede davon ist, dass sich jemand in Gedanken fast zerfleischt. Sprechen diese Redensarten nicht für sich, und warum nehmen wir sie uns dann nicht zu Herzen?

Warum sollten wir uns etwas zu Herzen nehmen, da es doch in der Einheit gar keine Handlungen gibt, also auch keine Verletzungen? Zugegeben, mit dieser Frage wird ein wesentlicher Aspekt der Ausführungen in diesem Buch aufgegriffen. Ein anderer Aspekt jedoch bleibt stark vernachlässigt, nämlich der, wonach jede Handlung, die einen imaginierten Teil der Einheit entweder hervorhebt oder ihm schadet, Trennung und damit Verdichtung bewirkt, die Sie dann wiederum als Individuum in einem Körper auszubaden haben.

Ob Sie also jemanden über den grünen Klee loben oder ihm die Pest an den Hals wünschen, in beiden Fällen wird schon allein durch den Gedanken an ein Du, unter Hinzunahme zielgerichteter Worte und entsprechender Taten, *Trennung* bewirkt.

Ganz gleich, zu welcher Handlung es kommt, in dem Moment, da sie vom Glauben an eine verlorengegangene Ordnung getragen ist, wird durch sie Trennung wahrgemacht, was auch für alle vorangegangenen Emotionen, Feststellungen und Gedanken gilt.

Handlungen, die den eigenen Vorstellungen vom Leben Genüge tragen sollen, erfolgen mit der Absicht, Individualität zu bekräftigen.

Durch solche Taten, durch die wir uns häufig erst so richtig lebendig fühlen, wird nicht nur Bewegung als Urprinzip des Lebens maximal wahrnehmbar, es verdichtet sich auch die Individualitätsidee.

Schritt 5 erliegt der Illusion eines freien »persönlichen« Willens – die Krise nimmt ihren Lauf

Sie gehen davon aus, dass Sie mit Ihrem freien Willen Ihr Leben bestimmen können. Es gilt zu erkennen, dass der persönliche Wille einer höheren Macht untergeordnet ist.

Sie gehen davon aus, dass Sie mit Ihrem freien Willen Ihr Leben bestimmen können. Diesen Satz möchte ich gerne wiederholen, weil es ein sehr wichtiger Punkt in unserem Leben ist.

Eine schöne Idee, das zu denken, aber wo ist denn Ihr »freier Wille«, wenn etwas schief läuft? Wo ist er, wenn man Ihnen Ihr Auto klaut? Wo ist er, wenn man Ihnen Ihre Brieftasche klaut? Wollten Sie das? Handlungen werden zur Realität, also dadurch wahrgemacht, dass Sie in Bezug zum eigenen Willen gesetzt werden. Sie folgen dem Gewollten, und man übt etwas aus, weil man von seiner Wahrnehmung überzeugt ist.

Mit den Sätzen »das habe ich gewollt« oder »das habe ich nicht gewollt« bringen Sie genau diesen Bezug zum Ausdruck, egal ob Sie sie laut aussprechen oder für sich behalten.

Wenn Sie eine Situation als Krise erleben, kann davon ausgegangen werden, dass Sie das, was da passiert ist, nicht gewollt haben. Etwas ist ganz und gar nicht nach Ihrem Willen gelaufen und keine Ihrer Erwartungen wurde erfüllt. In jedem Fall haben Sie eine Situation definiert, bestimmte Personen oder Ereignisse mit Feststellungen belegt und sind darüber in Wallung geraten. Danach haben Sie sich zu der einen oder anderen Handlung hinreißen lassen.

Wir hätten auch die Handlung als Schritt 5 nehmen können und den Willen als Schritt 4. Da jedoch der freie Wille sowie Handlungen immer wieder ins Spiel kommen und Handlungen auch unwillkürlich geschehen, habe ich mich für diese Reihenfolge entschieden.

Nun, Sie haben vielleicht gar nichts getan und hatten dennoch den Eindruck, dass Ihnen dies alles widerfahren ist, richtig? Das Erleben der Krise wird zum einen dadurch bestimmt, dass Sie im Geiste an die Idee der Trennung glauben und sie wahrmachen. Selbst wenn Sie äußerlich nicht aktiv wurden, waren Sie innerlich doch entscheidend daran beteiligt, dass Sie die Situation so erfahren haben, wie Sie sie erfahren haben.

Auch an diesem Punkt möchte ich erneut daran erinnern, dass es nicht darum geht, *was* passiert, sondern *wie* Sie es erleben. Es wurde schon früher im Buch erwähnt, dass Sie Ihre Gesinnung und Haltung jederzeit ändern können. Haben wir nun eine Entscheidungsfreiheit oder nicht? Können wir unseren Willen einsetzen oder nicht? Beides ist bedingt richtig, weil Ihre Sicht der Dinge darüber entscheidet, was zur Realität wird. Sie machen in Ihrem Leben die Dinge wahr, und was Sie wahrmachen, wird auch zur Wahrheit werden.

Die alles entscheidende Wahl ist aus einer absolut wert-freien Sicht immer auf der Ebene der Intention angesiedelt und nie auf der Ebene des Weltgeschehens. Wenn Sie aus der Ich-Bezogenheit heraus leben, werden Sie das natür-lich anders sehen, und zwar ganz genau so, wie Sie es sehen wollen. Die universelle Kraft lenkt alles. Ihr liegt alles zugrunde. Sie »macht« aber nichts, sondern durch sie geschehen Dinge.

Was ist das Weltgeschehen eigentlich? Ist es das, was wir auf der Basis unseres Glaubens an Trennung selbst entstehen lassen? Etwas, das sich kollektiv und individu-ell als Spiegelung im Bewusstsein der Menschheit ent-faltet? Dies kann wohl nun, am Höhepunkt unserer Ent-deckungsreise, vermutet werden. Es kann also in Erwägung gezogen werden, dass die Welt eine Art Traumbild ist, das sich im Wachzustand als Wahrnehmung offenbart. Ich gehe davon aus, dass wir es in der Hand haben, ob wir uns mit diesem Traumbild identifizieren und es immer wieder wahrmachen oder als solches durchschauen. Wahr-machen bedeutet, es zur Wirklichkeit zu erklären und dadurch zu unserer Realität werden zu lassen, die wir dann als »unsere« Welt erleben. Im Kopf kreiert und als Schein materialisiert, nehmen wir das Manifeste als ein-zige Wahrheit an. Ist das nicht eigen?

An dieser Stelle sei darauf hingewiesen, dass es sich bei dieser Entdeckungsreise nicht um eine bestimmte Methode handelt, um keinen psychologischen Ansatz und auch nicht um eine spirituelle Übung mit einem bestimmten Ziel. Im Gegenteil. Wenn es Ihnen gelingt, diese Reise ziellos anzutreten, sie einfach zu begehen und sich von ihr zum Staunen anregen zu lassen, so würde dies der Intention dieses Buches entsprechen.

Mit anderen Worten: Es steht Ihnen nicht nur frei, die gegebenen Anregungen zu ignorieren, sie einfach nur zu lesen, ihnen zu folgen oder sie abzuändern, sondern auch, all das hier Niedergeschriebene zu hinterfragen und Ihre eigene Reise zu entdecken.

PERSPEKTIVENWECHSEL

Dieses Kapitel soll als eine Art Brücke zwischen unterschiedlichen Anschauungen dienen. Es weist auf zwei Sichtweisen hin: auf die eines Menschen, der sich nur als Individuum sieht und erlebt, und auf die eines Menschen, der Individualität als Traum des Egos durchschaut. Diese Brücke ist gedacht, um einen neuen Weg einzuschlagen und neue Perspektiven zuzulassen. Sie ist ein sehr anschauliches Bild und bietet die Möglichkeit weiterzugehen oder umzukehren.

Wir haben also die Wahl, am vertrauten und scheinbar sicheren Pfad festzuhalten oder über die Brücke zu gehen und scheinbares Neuland zu betreten. Dieses ist uns innerlich mehr als nur vertraut, wir haben es nur vergessen. Auf die Idee, einfach auf der Brücke stehen zu bleiben, kommen wir eher selten. Dabei ist vielleicht genau das der Punkt, wo sich beides in uns miteinander vereinen lässt, um Trennung aufzuheben.

Zunächst sollten wir vielleicht klären, an welchem Punkt wir jetzt eigentlich stehen. Anhand der bisherigen Ausführungen wissen wir, dass eine Krise erst durch einen Moment der Trennung geboren werden kann.

Eine Krise entsteht durch die Trennung, die eine Person vollzieht, und hat demnach nichts mit der Person, sondern nur mit Ihrer begrenzten Sicht und Ihrem Trennungsgedanken zu tun. Die Person fühlt sich zwar betroffen, doch würde sie sich selbst nicht als Individuum ansehen, verlöre das Problem jede Wertigkeit.

Der Glaube an Trennung bewirkt eine Art Spaltung im Bewusstsein, durch die Personen, Objekte, Situationen überhaupt erst zum Leben erweckt werden. *Würde es diese Spaltung nicht geben, gäbe es auch all diese Einzelaspekte nicht.*

Es wäre so, als ob...
- *... alles aus nur einer Perspektive gesehen wird, obwohl alle Perspektiven enthalten sind.*
- *... alles in sich gleichgültig wäre, obwohl alle Werte darin vorkommen.*
- *... alles erfüllt ist, obwohl doch auch alle Möglichkeiten offenstehen.*
- *... alles in Ordnung ist, obwohl alles auf ein Chaos hinweist.*

Es wäre Frieden.

Dieser Gedanke lässt vermuten, dass in unserem Bewusstsein immer alles vereint ist. Wenn dem so ist, wie real ist dann noch der Glaube an Individualität, an ein Ich und ein Du, an einzelne Umstände oder Gegenstände, kurzum: an Trennung? Wissen Sie noch, wie ich sagte, dass wir in den Momenten, in denen wir uns etwas bewusst machen, alles einheitlich sehen? Hieße das nicht, dass unsere Sicht automatisch eine einheitliche Sicht ist, wenn wir den Vorgang des Bewusstmachens – im Sinne eines bewertungsfreien Gewahrseins dessen, was ist – wählen statt den des Wahrmachens – im Sinne einer Trennung durch die Identifikation mit unserer individuellen Sicht?

Wenn Sie diese Frage mit einem Ja beantworten können, bewegen wir uns gemeinsam auf eine Erkenntnis zu, die sich förmlich aufzudrängen scheint. **Es ist die Erkenntnis, dass lediglich dadurch, dass wir etwas wahrmachen und uns mit etwas identifizieren, Trennung überhaupt erst erschaffen wird.**

Diese Einsicht dürfte an dieser Stelle des Buches nicht mehr überraschend für Sie sein. Immerhin hat diese Aussage die einzelnen Schritte in die Krise hinein begleitet. **Sie besagt, dass das, was wir als Krise empfinden, nur dadurch zustande kommt, dass wir den Überblick verlieren und uns in etwas verbeißen, das uns – inmitten der Gesamtheit aller Dinge – »ins Auge sticht«, ganz besonders auffällt, beziehungsweise etwas ist, worauf wir unsere Aufmerksamkeit lenken.**

Damit zentrieren wir uns auf etwas und interpretieren etwas hinein, das nicht das Geringste mit der Realität zu tun hat. Dies betrifft alles, was uns scheinbar nahe geht, uns beschäftigt, erfreut und bedroht. Es kann alles sein, was unsere Aufmerksamkeit auf sich zieht und dem wir unsere Interpretationen und Meinungen überstülpen.

꙳ • ꙳

EINSICHT: *Wenn Sie auf einer Anhöhe stehen, das gesamte Tal überschauen und sich nur auf ein Detail konzentrieren, übersehen Sie dabei alles andere. Sie übersehen aber nicht nur alles andere, sondern etwas ganz Wesentliches. Sie übersehen Ihre Fähigkeit, alles zu sehen, und damit das Bewusstsein von Einheit, von Vollkommenheit.*

Im Leben verhält es sich genauso. Wir nehmen eine kleine Sequenz wahr, die wir in Besitz nehmen und interpretieren. Die Folge ist, dass wir ...

- *... uns nur mit diesem Part auseinandersetzen*
- *... ihn vollkommen überbewerten*
- *... ihn fehleinschätzen*
- *... ihn zu etwas machen, das er nicht ist*
- *... alles andere nicht mehr sehen und dafür blind werden*
- *... uns einbilden, dass er der Realität entspricht, also wahr ist*

- ... nicht erkennen, dass die Feststellungen darüber nur in unserem Gehirn stattfinden
- ... nicht sehen, dass die Sache selbst eigenschaftslos ist, wenn wir ihr keine Eigenschaft geben.

$\approx$ • $\approx$

Auch wenn es aus einer tieferen Sicht keine Krisen gibt, so gibt es sie doch. Sie existieren im Gehirn, wo nachfolgende Verdichtungen sie in die Materie ziehen und für die Sinne wahrnehmbar machen. Weil wir sie wahrgemacht haben, werden sie (für uns) so lange wahr sein, wie wir sie als Wahrheit betrachten und nicht davon ablassen, an ihr (und allen einzelnen trennenden Gedanken und Interpretationen) festzuhalten.

Kurzum: Wer an der Ich-Perspektive festhält, wird immer in Krisen und Problemen leben, weil er in Krisen und Problemen denkt. Er glaubt an Trennung, an Vielheit, an Dualität – nimmt all das als real hin, ohne es hinterfragt zu haben.

Wer einen Konflikt als Verdichtung des Ichs durchschaut, sprengt jeglichen Trennungsgedanken und kann ihn als etwas Neutrales betrachten, ihn beobachten und aus seinen Gedanken entlassen.

$\approx$ • $\approx$

Dass eine Krise ihren Ursprung in der Idee der Trennung hat, dieser Aussage sollten wir ein Leben lang auf den Grund gehen. Und zwar immer sofort, mitten in der Tragik, der Komik und der Traurigkeit.

Da der Glaube an Trennung und Individualität den Prozess der Verdichtung unterstützt, ist es kein Wunder, dass wir uns irgendwann geradezu gelähmt fühlen. Da es letztlich nur die Idee einer Person sein kann, an Trennung zu glauben, kann davon ausgegangen werden, dass auch die subjektiv erlebte Krise aus einer Idee heraus entstanden ist. Diese wurde sukzessive wahrgemacht, bleibt im Ursprung aber immer noch eine Idee.

Damit dürfte nun also die Formulierung aus der Einleitung dieses Buches nachvollziehbar werden, wonach Subjektivität und Individualität in aller Konsequenz nur als Illusion, genauer gesagt als falsche Wahrnehmung im Bewusstsein existieren. Der Satz lautete:

Krisen beruhen auf dem subjektiven Erleben eines Individuums. Wenn wir davon ausgehen, dass Individualität in aller Konsequenz der Illusion von Getrenntsein entspringt, so wird uns deutlich, dass jede Krise Ausdruck eines illusionären Erlebens sein muss.

Irgendwie klingt es fast plausibel, und trotzdem werden wir mit Widerständen zu kämpfen haben. Wir müssen diesen Widerständen aber nicht trotzen und auch nicht dagegen ankämpfen, wir können sie einfach wertungsfrei anschauen. Es wäre so einfach, sie kommen und gehen zu lassen, aber darin sind wir nicht geübt!

Eher kommen Zweifel auf, und Sie fragen sich vielleicht, wie es denn gehen soll, auf einer Anhöhe zu stehen und neben dem Überblick nicht auch das Detail im Blick zu haben. Ist das überhaupt notwendig und macht das Sinn? Ja, durchaus. Wir haben als kosmischer Mensch nämlich das Potenzial, alles gleichzeitig zu erfassen, ohne an einem Detail hängenzubleiben. Es ist ja nichts dabei, sich das Detail zu betrachten. Doch wir betrachten es nicht nur, sondern beziehen uns darauf, interpretieren etwas hinein, bewerten und verurteilen es.

Etwas zu etwas anderem zu machen als es ist und ihm etwas anzu-*dichten* wäre nicht so schlimm, wenn wir dadurch nicht auch *dicht* würden. Die *Verdichtung* ist das, was uns schadet und unserem Leben eine unnötige Dramatik einhaucht. Das alles müsste nicht sein, wenn wir das Prinzip des Wahrmachens durchschaut und das Prinzip des Bewusstwerdens verinnerlicht hätten.

Der Aspekt des »sowohl als auch« statt des »entweder oder« kommt hier wieder zum Tragen. Auf einer Anhöhe zu stehen und gleichermaßen *das* Land und *ins* Land zu schauen ist der Schlüssel, um aus einer falschen Wahrnehmung eine richtige werden zu lassen. Bei richtig oder falsch geht es weniger um den Inhalt Ihrer Wahrnehmung, sondern um die Intention, die damit einhergeht.

Wenn Sie mit der Intention ins Land schauen, das Gesehene durch Ihre Individualität bestätigen zu lassen und feststellen, dass Ihre Sicht die einzig wahre ist, wissen Sie ja jetzt, dass damit das Wahrmachen von *Trennung* verbunden ist. Vor allem aber wird dabei das einfache Überschauen als reine Wahrnehmung *untergehen*. Untergehen sollte aber nur die Hartnäckigkeit des Egos. Alles andere darf stets aufs Neue erblühen.

Mit dem Blick der Individualität geht der Blick für das Ganze verloren. Wenn Sie sich also nur für das eine ohne das andere entscheiden, fehlt etwas. Als Mensch gilt es immer, die Individualität zu achten, sich jedoch seines eigentlichen Selbst bewusst zu sein. Der Mensch als Teil des Ganzen soll und darf nicht ausgegliedert werden. Er soll ein wirklich menschliches Leben führen und dies aus der Perspektive der »All-Sicht« zelebrieren. Wenn Sie beides im Blick haben, wird sich Ihr Bewusstsein weiten und Sie werden das Land mit anderen Augen betrachten, nämlich als Ganzes, ohne es auseinanderzunehmen und zu unterteilen. Sie werden es in all seiner Schönheit so stehen lassen können und werden entdecken, dass es keiner Meinung bedarf und es ganz gut ohne Ihren Senf auskommen kann.

Sie sind nicht mehr hin und hergerissen, bleiben auf der Brücke stehen und vereinen beide Seiten in sich selbst. Was dabei geschieht und uns erwartet, werden wir in den folgenden Kapiteln noch etwas näher betrachten.

WIE WAHR IST DIE WAHRNEHMUNG – UND MUSS SIE WIRKLICH »WAHRGEMACHT« WERDEN?

Die Überschrift dieses Kapitels stellt gleich zwei provokative Fragen, die beide sehr berechtigt erscheinen, finden Sie nicht? Darüber hinaus könnte es aber genauso interessant sein herauszufinden, wie es wohl gelingen mag, Wahrnehmung *nicht* wahrzumachen. Im Folgenden werden wir nun allen drei Aspekten näher auf den Grund gehen.

- Die erste Frage müsste nach den jüngsten Erkenntnissen im Grunde genommen erweitert werden. Es müsste danach gefragt werden, wie wahr die Wahrnehmung ist, da Sie sich ja immer ausschließlich auf Individualität bezieht. Wenig verwunderlich dürfte es dann sein, wenn wir durch einfache Beobachtungen zu dem Schluss kommen, dass Wahrnehmung, die auf einer individuellen Sicht der Dinge beruht, individuell zwar wahr, aber nun einmal nicht allgemeingültig wahr ist. Allein die Aussagen, dass Geschmäcker verschieden sind und man darüber nicht streiten kann, stützt schon diese Einsicht. Was Geschmäcker betrifft, scheinen wir uns immerhin einig zu sein, nicht aber, wenn es darum geht, was das Beste für uns ist. Da gehen wir alle von unterschiedlichen Standpunkten und von unterschiedlichen Zielen aus und möchten vor allem eines: das Beste für uns und unseren Willen durchsetzen. Um dies bewerkstelligen zu können, glauben wir den eigenen individuellen Standpunkt nicht nur einnehmen, sondern auch bekräftigen und überdies verteidigen zu müssen. Genau diesen Vorgang, den Prozess des *Wahrmachens*, haben wir uns detailliert vergegenwärtigt.

- Um auf die zweite Frage einzugehen, ob Wahrnehmung auch immer wahrgemacht werden muss, so würde ein Mensch, der sehr mit seiner Person, mit seinem Ego identifiziert ist, sagen: »Na klar muss sie wahrgemacht werden, wer wäre ich denn sonst?« Da niemand ein Niemand sein will (auch wenn Niemand nicht nichts ist), vergessen wir, dass die Perspektive der Individualität aus einer Wahl hervorgegangen ist, in der wir als Ego agieren und die Einheit vergessen haben.

- Die dritte Frage, wie es uns gelingen kann, Wahrnehmung nicht immer auch wahrzumachen, beantwortet sich gewissermaßen von selbst. Warum? Das kann ich Ihnen sagen. Was glauben Sie geschieht, wenn Sie sowohl Ihrem Leben als Individuum in einem Körper Achtung schenken als auch der Tatsache, dass Sie damit immer nur ein Teil der Wahrheit sind? Nun, wahrscheinlich würden Sie sich zunächst einmal jäh aus einem Traum herausgerissen fühlen. Wie nach einer Nacht voller Traumbilder würden Sie vehement bestreiten, geträumt zu haben, wenn Ihnen gesagt würde, dass das Erleben von Individualität ein Traum ist, oder? **Wenn Sie jedoch auf der Grundlage Ihrer eingehenden Beobachtungen zu dem Ergebnis kommen, dass im Geiste tatsächlich immer alle Aspekte miteinander verbunden sind, und Sie bereit dazu sind, die Perspektive der Einheit mit einzubeziehen, so ist der erste Schritt aus der Identifikation geschafft, und aus dem Wahrmachen entsteht ein Bewusstmachen.**

EINSICHT: *Wenn Sie Ihre Bewusstheit dafür einsetzen, sich **sowohl** als Individuum **als auch** Ihrer Ganzheit bewusst zu sein, so könnte eine Perspektiven- oder Bewusstseins-Erweiterung stattfinden. In dem Moment, da Sie entdecken, dass das Leben auch dann weitergeht, wenn Sie sich nicht immer nur auf ein Detail Ihres Lebens konzentrieren, sondern es mit Weitblick genießen, wird sich mit der Zeit Ihre Wahrnehmung verändern.*

Indem Sie auf alles schauen, ohne sich darin zu ver-
lieren, kommen Sie zu einer reinen Wahrnehmung der
Dinge, die zugleich eine Erlösung von Identifikation
bedeutet. Dinge nebeneinander so wahrzunehmen, wie
sie sind, ohne sich in eines der Dinge zu verlieren, re-
lativiert die Idee von Trennung. Entscheiden Sie sich auf
diese Weise dafür, von einem »entweder oder« abzulas-
sen, wird es für Sie ein Leichtes sein, das Phänomen der
Identifikation zu durchschauen und es schließlich von
sich abfallen zu lassen.

Was auf dieser Seite mit ein paar wenigen Sätzen beschrieben wird, ist immer, in jedem Moment möglich. Und doch
stellt es auf der Ebene von Raum und Zeit einen Prozess
dar, der sehr viel Geduld und Aufmerksamkeit verlangt.

DER ANFANG DER REISE IST ZUGLEICH DAS ENDE DER REISE

Selbstverwirklichung bedeutet, die Reise durch Zeit und Raum zu beenden. Nicht dass Sie das missverstehen. Die zeiträumliche Reise zu beenden, ist in keinster Hinsicht als Handlung zu sehen, die in irgendeiner Weise Distanz zum Leben schaffen soll. Vielmehr ist es ein Bild dafür, was passiert, wenn Sie nach und nach die Identifikation mit der Perspektive der Individualität durchschauen.

Jeder Moment, in dem Sie Ihr Ego als Spiegelung im Bewusstsein durchschauen, ist ein sehr aktiver Vorgang. Was die Aktivität ausmacht ist, dass etwas hinzukommt. Zur Perspektive, die Leben in Zeit und Raum eröffnet, kommt die Perspektive der Einheit mit dazu. Gleichzeitig entsteht eine Distanz zur Persönlichkeit, und alte Programme, Identifikationen und Vorstellungen fallen ab.

Somit geschieht auch hier etwas ganz und gar Sonderbares, ja fast Unglaubliches: Etwas, das für den

Verstand nicht nachvollziehbar ist, vermehrt und verringert sich zur selben Zeit.

EINSICHT: *Nachdem Einheit als solche nicht wahrgenommen werden kann, weil sie allein durch die Anwesenheit eines Betrachters bereits wieder gespalten wäre, gilt es, ihr lediglich Beachtung zu schenken.*

Hierfür ist kein Denkprozess notwendig, es ist eine Form von Hinwendung und Ausrichtung, die ganz leicht und von selbst geschieht. Und zwar dann, wenn man Widerstände fallen lässt und nicht auf Standpunkten beharrt, die es ohnehin nie gegeben hat.

Indem sich jeder Einzelne der Einheit, die er in sich selbst trägt, bewusst wird, dient er auf einer höheren Ebene jener Gesamtheit, aus der wir hervorgehen. Sich dessen als Individuum bewusst zu werden, ist ein durch und durch bodenständiger Prozess und damit das Gegenteil von abgehobener Weltflucht.

Im tiefen Vertrauen darauf, dass eine tiefe Würdigung der weltlichen Ordnung zugleich die höhere Ordnung ehrt, können wir uns also ganz unserem Hier und Jetzt widmen. Übertragen auf das Bild der Brücke, reichen sich Individuum und Einheit im Bewusstsein immer die Hand.

MIT ANDEREN WORTEN: Es gilt, sich der Ordnung im Leben von Raum und Zeit bewusst zu werden und ihr zu dienen. Dies kann nur geschehen, wenn die Perspektive der Einheit, also der Blick für das »sowohl als auch« mit einbezogen wird. Einheit auf weltlicher Ebene innerhalb von Zeit und Raum erschließt die Einheit auf höherer Ebene. Trennung wird aufgehoben, und Krisen werden relativiert. Das zu realisieren bedeutet, die Tür offen zu halten. Ob es nun etwas dazu zu nehmen *oder* loszulassen gilt, oder ob es etwas dazu zu nehmen *und* loszulassen gilt? Lassen wir uns überraschen.

SCHLUSSWORT

Meist ist es nicht so einfach, sich in Momenten, in denen ein Schmerz hochkommt oder etwas passiert, das uns mitnimmt und berührt, offen zu bleiben und die Illusion der Trennung zu durchschauen. Wir neigen dazu, uns zu verschließen und in Gedanken, Emotionen und Handlungen nach Lösungen zu suchen. Ja, es ist wahrlich nicht einfach, dem Ansturm all dieser tief verankerten Gewohnheiten zu widerstehen und weiterhin im Jetzt zu bleiben. Letztlich ist aber dort die Lösung bereits offenbar. Denn in dem Moment, da Sie für intuitives Wissen offen und empfänglich bleiben, wissen Sie eben auch intuitiv, was es in Bezug auf die jeweilige Situation zu tun oder zu lassen gilt.

Sollten Sie sich nicht sicher sein, ob Entscheidungen, die Sie treffen, tatsächlich Ihrem inneren Wissen entspringen, können Sie sich zumindest sicher sein, dass diese Zweifel Sie lediglich davon abbringen wollen, sich der Kraft der Intuition anzuvertrauen. Und doch gibt es ein Kriterium, das Ihnen ein Wegweiser sein kann: Immer wenn Ihre Entscheidung für sich selbst und ohne Erwartung geschieht, können Sie davon ausgehen, dass Sie im Sinne Ihrer Intuition handeln.

Intuition weiß um Ihre wahre Natur. Sie weiß, dass Sie weder der Wahrnehmende noch das Wahrgenommene sind. Sie weiß, dass jede Entscheidung, die davon ablässt, entweder das eine oder andere wahrzumachen, ein Segen ist. Intuitive Impulse folgen einer höheren Ordnung. In der Identifikation mit unserer Wahrnehmung können wir sie nicht erkennen. Wenn wir aber bereit sind, diese Identifikation zu durchschauen, so lassen wir zu, dass die Brücke zwischen höherer und weltlicher Ordnung bestehen bleibt. Wir lassen zu, dass wir auf ihr jenen Platz finden, der uns mit beiden verbindet.

In dieser Verbindung wird es ganz friedlich in uns. Inmitten des größten Trubels baden wir dann im Wissen, dass alles in bester Ordnung ist. Wir entdecken uns selbst.

Nun könnte es für Sie verständlich sein, warum hier nicht auf einzelne, mehr oder weniger aktuelle Krisen im Weltgeschehen eingegangen wurde. Einer Krise einen Namen zu geben, sich auf sie zu konzentrieren, verleitet allzu sehr dazu, sich mit ihr zu identifizieren. Und in Wirklichkeit existiert sie ja nur im Gedanken, die wir zu unserer persönlichen Wahrheit geformt haben. Unser Gedankenraum hat sich eine individuelle Realitätsebene geschaffen, in der wir Krisen erleben. Sie haben nur solange Gültigkeit, wie wir die Einheit ignorieren und uns zu 100 % in der Vielfalt verlieren.

Sich mit einer Krise in dem Bewusstsein auseinanderzusetzen, dass sie lediglich eine Folge einer Trennungsidee ist, ermöglicht uns, sich von dem, was um uns herum zu geschehen scheint, nicht allzu sehr vereinnahmen zu lassen. Eine Krise zu durchschauen, zeigt uns ganz klar, dass jede noch so schmerzhaft erscheinende Situation immer nur durch den eigenen Schmerz der Trennung aktiviert wird.

Je mehr wir in uns diesen Schmerz anerkennen, ihm Gehör schenken und uns von ihm berühren lassen, umso deutlicher erkennen wir, dass er uns nichts anhaben kann. Im Gegenteil! Indem Starres überwunden wird, werden wir beweglich, und es öffnen sich Türen und Wege, die bisher unsichtbar waren. Diese Offenheit macht uns das Geschenk, tiefer zu schauen und den Urgrund unseres Seins zu entdecken. Von dort aus können wir auf das blicken, was wir mit unseren Sinnen wahrnehmen, ohne davon hypnotisiert zu werden. Tief in uns verankert bleiben wir wach und erkennen in allem, was geschieht, jenen Geist, der uns das Geschenk gemacht hat, das Phänomen von Krisen zu überwinden.

Ich wünsche Ihnen dieses Wissen, dieses Bewusstsein und dieses Vermögen!

Kurt Tepperwein, heute einer der bekanntesten deutschen spirituellen Lehrer, wurde 1932 in Bad Lobenstein geboren, einer kleinen Stadt mit Rittersitz im Thüringer Schiefergebirge auf dem Verbindungsweg von Leipzig nach Bamberg. Nach langjähriger Tätigkeit als Unternehmensberater und Heilpraktiker widmete er sich voll und ganz dem Mysterium Leben. Er studierte Kulturen und Philosophien an den unterschiedlichsten Orten

der Welt und auf verschiedenen Kontinenten. Als Bewusst-
seinsforscher, Seminarleiter und Autor sieht er seine Aufgabe darin, mit Authentizität und Hingabe seine wertvol-
len Erkenntnisse an spirituell Interessierte und nach dem
Lebenssinn suchende Menschen weiterzugeben. Seine
Fähigkeit, Menschen zu begeistern und zu faszinieren,
hat er sich nicht angeeignet, sie ist auch nicht antrainiert,
sondern beruht auf eigenen Erfahrungen.

Wie kaum ein anderer versteht er es, die materielle und
geistige Sicht der Dinge zu umfassen und in einer harmo-
nischen Ganzheit zu betrachten. Davon zeugen seine mehr
als 80 Bücher, die teilweise zu Klassikern der Erfolgsli-
teratur geworden sind. Mit seinen Kompakt-Ausbildungs-
lehrgängen etwa zum Lebens-, Intuitions-, Mental- oder
Kausal-Berater erreicht er schon seit Jahren als Coach
und Trainer nicht nur Topmanager und Spitzensportler,
er spricht mit seinem lebensbejahenden und natürlichen
Wesen auch jeder Altersgruppe und Berufsgruppe aus
dem Herzen. Sein Hauptinteresse bei der Vermittlung von
Wissen gilt dabei dem Lebensthema Nr. 1 – »Zufriedenheit und Erfüllung im Alltag zu erfahren«.

*Begleitend zum vorliegenden Buch empfehlen wir
die DVD »Jetzt den Augenblick leben!«
über das bewusste Manifestieren der Geistigen Gesetze
und die Meditations-CD »Jetzt das Leben verändern!«
mit Musik von Sayama.*

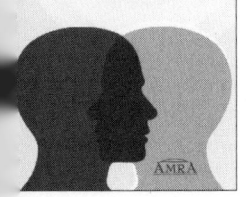